Die Enzyklopädie
der Engel

Alix de Saint-André

Die Enzyklopädie der Engel

Aus dem Französischen
von Stefanie Schäfer

EICHBORN▸BERLIN

Originaltitel: Archives des Anges
© 1998 by NiL éditions, Paris

Zitate aus der Bibel und die Schreibweise
biblischer Namen richten sich nach
der Einheitsübersetzung der Bibel.

Die Deutsche Bibliothek – CIP-Einheitsaufnahme

Saint-André, Alix /de:
Die Enzyklopädie der Engel / Alix de Saint-André. –
Frankfurt am Main: Eichborn, 2001
Einheitssacht.: Archives des anges <dt.>
ISBN 3-8218-1677-5

© für die deutsche Ausgabe: Eichborn AG,
Frankfurt am Main 2001
Lektorat: Stephan Güde
Umschlaggestaltung, Layout und Satz:
Petra Wagner, Hamburg
Umschlagmotiv: Ausschnitt des Gemäldes
»Anbetung des Kindes« von Perugino, 15. Jh.
Druck und Bindung: Fuldaer Verlagsagentur, Fulda
(Eichborn.Berlin)
ISBN 3-8218-1677-5

Verlagsverzeichnis schickt gern:
Eichborn Verlag, Kaiserstraße 66, 60329 Frankfurt
www.eichborn.de

Zur Erinnerung an Bertrand, Laure, Pauline
und alle Kinder, die heute im Chor der Engel singen

»Im Allgemeinen ist es mir lieber, dass sich die Menschen nicht von der Religion entfernen, die einen Teil ihrer Kultur ausmacht, sondern dass sie den Wert ihrer eigenen religiösen Tradition zu schätzen lernen.«

Der Dalai-Lama

»Unser Gott ist im Himmel; alles, was ihm gefällt, das vollbringt er.«

Psalm 115, 3

Einführung

In der die Autorin zugibt, dass sie noch nie Engel gesehen hat, jedoch ihre Absicht erklärt, trotzdem über sie zu sprechen.

Engel, sagen Sie? Ich habe noch nie einen gesehen. Keinen Einzigen. Nicht mal einen ganz winzigen. Weder Flügel noch Federn. Nichts. Sie brauchen gar nicht erst weiter zu fragen.

Im Übrigen würden wir, wenn wir seriöse Leute wären, sowieso von etwas anderem reden. Von Elefanten, beispielsweise. Graue Riesen aus Afrika oder Asien, auf Festtagsumzügen in bunten Farben hübsch ausstaffiert: So kennt man sie. Wie ein Elefant aussieht, weiß jeder. Vorne ein Rüssel, hinten ein Schwanz, in der Mitte vier Beine, dazu noch zwei Stoßzähne und fertig ist der Dickhäuter. Im Großen und Ganzen jedenfalls. Wenn man nicht gerade kleine Kinder zum Lachen bringen will, ist es sehr schwer, irgendwelchen Unsinn über Elefanten zu schreiben: dass sie acht Beine hätten, zum Beispiel. Über Engel hingegen ... Zu behaupten, ein Seraf habe zwölf Flügel, ist ein ziemlich guter Witz, doch jede Wette, dass er wirkungslos verpufft: Bisher hat nämlich kaum jemand eine Ahnung davon, dass Serafim sechs Flügel haben! Ja, viele Leute (und man kann es ihnen nicht verübeln) wissen noch nicht einmal, was ein Seraf ist – einzig und allein deshalb, weil sie noch nie einen gesehen haben.

Und das ist ein sehr guter Grund.

Das Dumme ist nämlich, dass Engel unsichtbar sind.

Wären sie im Himmel zusammengepfercht wie die Elefanten im Zoo, könnte man sie mit Riesenteleskopen beobachten; sie ließen sich von Satelliten mitsamt ihren Schwertern und Trompeten beim Surfen auf dem Hochdruckgebiet über den Azoren fotografieren, und die Fernsehansagerin mit dem üppigen Busen könnte am laufenden Band scherzhafte Bemerkungen über die Serafim in den Wetterbericht einstreuen … Schade eigentlich!

Denn dadurch, dass dem nicht so ist, kann man über sie ungehindert jeden x-beliebigen Unsinn verbreiten. Bücher über Engel verkaufen sich wie warme Semmeln. Allenthalben behaupten praktische Ratgeber, den Namen des Engels zu verraten, den man anrufen muss, wenn man Mehltau im Garten hat oder von Heuschnupfen geplagt wird; andere verkünden, sie hätten die passende magische Formel parat, die man braucht, um bei einem Einstellungsgespräch oder dichtem Nebel auf der Autobahn seinen Schutzengel zu aktivieren. Dieser Art von Nachschlagewerken zufolge vereinigen Engel in sich die Qualitäten eines Handys, eines persönlichen Blitzableiters und der Fee Glöckchen. Warum sollte man also darauf verzichten? Setzen Sie das Prozac ab und adoptieren Sie stattdessen einen Engel, oder gleich mehrere: Sie werden Ihnen garantiert nicht auf den Teppichboden pinkeln! Genießen Sie endlich eine Spiritualität ohne Reue dank dieser himmlischen Spielzeuge, die wie gerufen kommen, um unsere metaphysischen Ängste an der Schwelle zum 21. Jahrhundert zu beschwichtigen.

Einfach haarsträubend!

Diese Art von beklagenswerter Engel-Pornografie maßt sich mit nicht geringer Dreistigkeit das Recht an, unsichtbare fremde Wesen wie Satelliten in eine Umlaufbahn rund um unsere ach so faszinierenden Bauchnabel zu bringen, um sie dann mir nichts, dir nichts in Instrumente des Vergnügens oder der geistigen Bequemlichkeit zu verwandeln.

Würden wir ihnen denn nicht eher gerecht, wenn wir sie so kennen lernten, wie sie wirklich sind? Und würden nicht auch wir davon profitieren?

Denn Engel, falls sie denn existieren, sind keine Objekte, sondern lebende Wesen und verdienen als solche von unserer Seite mindestens dieselbe fürsorgliche Aufmerksamkeit, wie wir sie Pflanzen und Tieren entgegenbringen. Falls sie nicht existieren, muss man sie als Kulturerbe der Menschheit betrachten und zu den schönsten Figuren des großen menschlichen Traums zählen, anstatt sie in grotesken Gebrauchsanweisungen aufzulisten.

Doch wer sind sie eigentlich? Wie kommt man an wirklich verläss-
liche Informationen über Engel? Wo befindet sich die Gewerkschaft der
himmlischen Heerscharen?

Die Naturwissenschaften stellen auf diesem Gebiet keine große Hilfe
dar; ihre Ergebnisse beruhen auf Beobachtung und Engel, wie jeder feststellen kann, entziehen sich jeder Beobachtung. Obwohl die Quanten-
physik beweisen konnte, dass nicht beobachtbare und dennoch reale
Phänomene existieren, gehört das Wort Engel bisher nicht zu ihrem
Wortschatz.

Die Philosophie kann uns auch nicht weiterhelfen; sie interessiert
sich für Ideen, und Engel sind keine Ideen. Zahlreiche Philosophen erkennen an, dass zwischen dem Menschlichen und dem Göttlichen eine
weitere Kategorie existieren könnte, und manche haben sie sogar unter
dem Namen »Äon« hübsch ordentlich klassifiziert. Doch über ihre
Lebensweise schweigen sie sich aus, und selbst Descartes, der an die
Existenz von Engeln glaubte, hielt sich nicht für kompetent genug, sich
über sie zu äußern. Wohl nicht sein Fachgebiet.

Die Philosophen sind der Meinung, die Frage nach den Engeln sei
nicht philosophischer, sondern theologischer Natur: Schauen Sie doch
mal bei Gott nach!

Gott? ER höchstpersönlich, im Singular. Der Einzige, der Wahre.
In einer Zeit, in der es als superschick gilt, Buddhist zu sein, muss man
leider feststellen, dass ER keine besonders gute Figur macht, der Arme,
so ganz allein, wie er ist. In Religionen indessen, in denen es vor
Göttern nur so wimmelt, gibt es den Engel als solchen nicht. So sieht's
aus. Lässt man sich jedoch dazu hinreißen, die Götter des Olymp, ge-
fiederte Halbgötter, Avataras von Wischnu und andere höchst liebliche
Reinkarnationen Buddhas miteinander zu vermischen, riskiert man
rasch, Engel mit jeder x-beliebigen anderen geflügelten Wesenheit zu
verwechseln – möglicherweise sogar in verwandelter Gestalt, denn sie
können ja rechte Witzbolde sein. Die liebenswerten Kreaturen, die an
exotischen oder archaischen Himmeln herumfliegen, mögen uns ver-
geben!

Natürlich ist niemand dazu verpflichtet, an Gott zu glauben, aber was
Engel angeht, kommt man um ihn nicht herum. Ohne Gott ist der
Engel absurd, dreht sich um sich selbst. Damit er auffliegt und seine
vollständige natürliche Spannweite erreicht, braucht er Gott auf der
Start- und den Menschen auf der Landebahn. Da hilft alles nichts.

Taxi! Los, zu Gott, und zwar ein bisschen dalli!

»Da formte Gott, der Herr, den Menschen aus Erde vom Acker-
boden und blies in seine Nase den Lebensatem. So wurde der Mensch
zu einem lebendigen Wesen.« So beginnen in der Bibel unsere Abenteuer. Belebter Schlamm, das ist es, was wir sind. Im Hebräischen heißt
»Mensch« *adam* und »Erde« *adama*; der Mensch ist ganz wörtlich ein
Erdling aus Erde gemacht. Auch im Lateinischen haben *homo* und *humus*
dieselbe Wurzel, ebenso wie das Wort für Demut: *humilitas*. Wenn man
sich mit Engeln beschäftigen will, ist die humilitas sicherlich keine
schlechte Basis; man sollte mit beiden Füßen fest auf der Erde stehen,
diesem winzigen Fixpunkt inmitten des unendlichen Universums.

Genesis (2, 7)

Da der Mensch durch die Gravitation von seinem Planeten fest an-
gezogen wird, ist er ein schweres Wesen. Der Engel hingegen ist ein
Außerirdischer. Weder Erdling noch aus Erde gemacht, so ist er dennoch
nicht leicht, noch nicht einmal so leicht wie eine Feder: Nein, er wiegt
nichts, er beruht auf nichts – er wiegt überhaupt nicht.

Das Wort Engel kommt vom griechischen *angelos*, einer Übersetzung
des hebräischen Wortes *malach*, welches »Bote« bedeutet. So weit, so gut.
Man weiß nicht, woraus er gemacht ist, und man weiß nicht, was er
macht: Der Engel ist dauernd in Bewegung.

Doch wie soll man die Identität eines Wesens ohne festen Wohnsitz
ausmachen, das weder eine bestimmte Größe noch ein Gewicht noch
ein Geschlecht noch ein bestimmtes Alter besitzt – nichts außer einem
Beruf?

Denn selbst wenn man die Adresse Gottes angegeben hat, ist man
deshalb noch lange nicht angekommen. Einen Beweis dafür stellt jener
Amerikaner dar, ein Mann voller Tatkraft und guter Absichten, der
in der *Los Angeles Times* über seine Missgeschicke im Zusammenhang
mit Engeln berichtete. Nennen wir ihn der Einfachheit halber Mister
Chatterton: Da dies nicht sein richtiger Name ist, brauchen wir auch
nicht mit eventuellen Prozessen zu rechnen. Seinem Bericht zufolge begab sich also besagter Mr. Chatterton eines schönen Tages gegen Ende
der fünfziger Jahre auf die Suche nach Engeln in der Bibel. Von dieser
langen Reise kehrte er, äußerst ratlos, erst wesentlich später wieder
zurück, mitten in der Hippie-Zeit. Gewiss, er hatte unzählige Engel
gesehen, die oft umwerfend *(very smashy)* und manchmal auch furcht-
erregend *(frightening)* waren. Doch aus welcher Substanz bestanden sie?
Wie lautete ihre Geschichte? Wann waren sie erschaffen worden?

Mysterium und Chewing-Gum. Kleinlaut geworden, hatte Mr. Chatterton von seinem Fischzug nichts als die Vornamen von drei der sieben Erzengel mitgebracht: Michael, Gabriel und Rafael. Und wo waren die vier anderen? Dabei hatte er doch nicht eine Seite der Heiligen Schrift überschlagen! Mr. Chatterton schlussfolgerte daraus enttäuscht, dass die Bibel nicht gerade die beste Quelle war, um etwas über Engel in Erfahrung zu bringen.

Hätte er den Koran gelesen – eine Idee, auf die Amerikaner im Allgemeinen nur selten verfallen –, so wäre Mr. Chatterton, abgesehen von einem Vornamen, allerdings zu demselben Ergebnis gelangt. Das liegt ganz einfach daran, dass die heiligen Schriften *starring God* (die Bibel, die Evangelien und der Koran) darüber berichten, was sich zwischen Gott und den Menschen abgespielt hat – und im Laufe dieses reichlich bewegten Fortsetzungsromans stellen die Engel, so wunderbar sie auch sein mögen, nur zweitrangige Figuren dar, beauftragt mit verschiedenen Missionen. Ihnen fällt eine ähnlich undankbare Rolle zu wie die der Vertrauten im Theater des Klassizismus. Sendboten eben, wie ihr Name schon sagt; wobei sich die heiligen Schriften allerdings mehr für die Botschaft an sich sowie den göttlichen Absender und die menschlichen Empfänger interessieren als für den Postboten – selbst wenn er in der Gestalt eines hübschen Knaben erscheint, was bei Engeln immer der Fall ist, sofern sie sich überhaupt einmal sehen lassen.

Der Engel ist Angestellter der himmlischen Telekom, doch leider ist die Bibel kein Telefonbuch.

Im Übrigen hat es in der Geschichte nie an gestrengen Rabbinern, Bischöfen und Muftis gemangelt, die allzu verträumte Kinder Abrahams vor ihrer eventuellen Leidenschaft für Engel warnten: Ein einziger Gott sei völlig ausreichend, um genau zu wissen, an wen man seine Gebete richten sollte. Kampf dem unlauteren Wettbewerb! Schließlich kann Engelsverehrung auch zu Schlimmerem führen, zum Beispiel Götzenanbetung, Häresie oder sogar Satanskult, was das Allerschlimmste überhaupt wäre. Die attraktivsten unter den Engeln sind nämlich nicht unbedingt die besten – da ist Vorsicht geboten!

Und man kann die Warnungen vor solchen Gefahren nicht mehr mit einem harmlosen Lächeln abtun, seit sich die Zeitungsmeldungen über bleiche Jugendliche häufen, vor denen einem angst und bange werden kann und die in jeder Vollmondnacht auf den Friedhof ziehen, um dort Tote auszugraben: Auch Satan ist ein Engel.

Sollte man zu diesem Zeitpunkt nicht besser die Suche nach Engeln aufgeben, sich desillusioniert an den Rand eines Highways setzen und gemeinsam mit Mr. Chatterton seinen Abendjoint in Tränen tränken? Aber nein! Denn Gott sei Dank predigen die Großkopfeten der drei monotheistischen Weltreligionen – Judentum, Christentum und Islam – zwar seit jeher, man dürfe *niemand anderen als den lieben Gott* anbeten, doch sie haben niemals ausdrücklich verboten, sich für Engel zu interessieren. Und so werden schon seit Jahrhunderten die heiligen Schriften mit Anmerkungen über diese überaus mysteriösen Wesen versehen. Die Bibel, der Koran und die Tora gehören zu den meistgelesenen, -psalmodierten, -kommentierten und umstrittensten Texten überhaupt, und quasi in Form von Marginalien dieser Schriften wurde nach und nach die Geschichte der Engel geschrieben. Spekulierend und diskutierend schufen Weise, Heilige und Märchenerzähler im Laufe der Zeit immer neue Angelologien voller Weisheit und Poesie. Auf diese Weise brachte jedes heilige Buch eine Fülle weiterer Bücher hervor, ein Echo des Rauschens jahrhundertelanger mündlicher Überlieferung.

Aus dieser riesigen Menge an Dokumenten kennt jeder von uns nur winzige Bruchstücke. Bestenfalls. Es ist jedoch ziemlich unwahrscheinlich und wäre gelinde gesagt auch ein wenig kompliziert, wenn in einer einzigen Familie drei verschiedene Religionen praktiziert würden. In der Schule wird keine Religionsgeschichte gelehrt, und die Gläubigen selbst bringen oft mehr Energie dafür auf, sich (trotz der ausdrücklichen Befehle von Ganz Oben) gegenseitig zu zerfleischen, als zuzugeben, dass sie sich um denselben Gott und oft genug auch um dieselben Engel zanken.

Heute, wo ein scharfer Wind die Engel, diese verkannten Geschöpfe, hinauf in neue, ziemlich zweifelhafte Höhen der Popularität weht, erscheint es schon fast als Maßnahme zur Erhaltung der geistigen Gesundheit geboten, in die Archive hinabzutauchen und sich auf die Suche nach vertrauenswürdigen Zeugnissen ihrer Ursprünge zu machen. Bis heute sind Engel die einzigen Außerirdischen, die je auf diesem Planeten gelandet sind, und da Protokolle ihrer Durchreise existieren, wäre es doch dumm, sie nicht zu Rate zu ziehen!

Natürlich handelte es sich bei den Verfassern dieser Protokolle nicht um Polizisten; die Autoren vereinten den Sinn für das Wunderbare mit der Liebe zur Wahrheit, ohne darin den geringsten Widerspruch zu sehen. Sie betrachteten ihr Leben im Schein des Lichts einer anderen

Welt, von der diese seltsamen Reisenden kündeten, die sie als ebenso real betrachteten wie einen ausgewachsenen Elefanten. Einerseits hatten sie große Angst vor ihnen, doch andererseits nannten sie sie auch manchmal in liebevoller Vertrautheit »unsere älteren Brüder, die Engel« ...

Dieses Buch ist nur ein winziger, wieder entdeckter Teil eines immens großen geschwisterlichen Erbes.

Und nun folgen einige wahrheitsgetreue Geschichten über Engel.

Denn in diesem Buch ist nichts erfunden.

Oder eben auch alles, wer weiß.

KAPITEL I

In dem man erfährt, unter welchen Umständen Jakob,
Maria und später Mohammed einem Engel begegneten
und welche Konsequenzen sich daraus für die gesamte
Menschheit ergaben.

In dem man in der Folge die Bande erkennt, die Juden,
Christen und Muslime miteinander vereinen, sowie
auch ihre Gründe, sich gegenseitig zu bekämpfen.

In dem man entzückt feststellen wird, dass die Engel
eine Gemeinsamkeit zwischen ihnen darstellen und
nicht zu den strittigen Dingen gehören.

Offenbarungen

Beginnen wir mit dem Anfang: mit Gott.

Die Besonderheit Gottes besteht darin, dass Er spricht. Egal, ob er Jahwe★, Gott der Vater oder Allah genannt wird, es kann sich nur um ein und denselben handeln, denn es gibt nur den einen. Er ist unsichtbar und »kein Mensch kann [ihn] sehen und am Leben bleiben.«   Exodus (33, 20)

Aber Er redet.

Nicht mit seinen Händen, sondern mit seinen Worten hat Er die Erde erschaffen. »Gott sprach: Es werde Licht. Und es wurde Licht.«   Genesis (1, 3) Göttliche Einfachheit. Es gibt keinen Unterschied zwischen dem, was Er sagt, und dem, was wird. Er braucht nur zu sprechen – und Er tut sich keinen Zwang an.

Als Er auf dem Berg Sinai die Tafeln mit den Zehn Geboten überreicht, hört man Ihn, aber man sieht Ihn nicht, woran Mose sein Volk später folgendermaßen erinnert: »Der Herr sprach zu euch mitten aus dem Feuer. Ihr hörtet den Donner der Worte. Eine Gestalt habt ihr nicht   Deuteronomium (4, 12) gesehen. Ihr hörtet nur den Donner.«

Um Gott zu entdecken, muss man also die Ohren spitzen. Das *Schema Jisrael*, ein jüdisches Gebet, das gläubige Juden jeden Morgen und jeden Abend sprechen, eine Art jüdisches Glaubensbekenntnis, beginnt mit den Worten: »Höre, Israel! Jahwe, unser Gott, Jahwe ist einzig.« *Schema*   Deuteronomium (6, 4) bedeutet auf Hebräisch »Höre«.

Ausculta, o fili!: »Höre, mein Sohn!« – so lauten auch die ersten lateinischen Worte der Benediktregel, der von Benedikt von Nursia nach 530 verfassten Mönchsregel, nach der noch heute unter anderem die Bene-

---

★ »Jahwe« ist eine von den Übersetzern vorgenommene Vokalisierung des Tetragramms JHWH, des hebräischen Namens Gottes, den man nicht missbrauchen soll und der daher nicht ausgesprochen wurde. Er hat mehrere Bedeutungen, u.a.: »Der, der war, ist und sein wird«.

diktiner, Zisterzienser, Vallombrosaner und Olivetaner leben und die den Mönchen Schweigen auferlegt. Denn zu Beginn des Johannes-Evangeliums steht geschrieben: »Im Anfang war das Wort, und das Wort war bei Gott, und das Wort war Gott.«

Warum lässt Gott sich durch Hören wahrnehmen? Vielleicht deshalb, weil unser Gehör Schallwellen aus allen Richtungen aufnehmen kann. Mit den Augen hingegen kann man beispielsweise nur Dinge in einem gewissen Winkel vor, neben oder über sich erfassen, während man alles um sich herum hören kann – und Gott ist überall.

Offensichtlich ist es das größte Anliegen dieses sprechenden Gottes, sich bei den Menschen Gehör zu verschaffen, die ja oft viel wichtigeren Vergnügungen nachgehen. Zu diesem Zweck (und um fatale Herzattacken zu vermeiden, die eine direktere Intervention von Seiner Seite zweifellos verursachen würde) greift Er oft auf die Vermittlung durch einen sichtbaren Engel zurück, der für diese Gelegenheit menschliche Gestalt annimmt. Und zwar ausschließlich die eines Mannes. Engel-Boten sind immer hübsche Jungs, und zwar dermaßen gut aussehend, dass sie, wenn sie Flügel gehabt hätten (dieser Typ von Engeln trägt im Dienst allerdings nie welche), Gefahr gelaufen wären, in Sodom einige Federn zu lassen: Die Sodomiter fanden sie so sexy, dass sie sie nur zu gern vernascht hätten.

Genesis (19, 1–5)

Bevor wir mit der Betrachtung der weniger bekannten Engel beginnen, wollen wir uns aber zunächst mit den Auftritten einiger der großen Stars unter ihnen beschäftigen, deren Botschaften, in der Reihenfolge ihrer Erscheinung auf unserem Planeten, die Grundlage für das Judentum, das Christentum und den Islam bildeten.

Am Anfang jeder dieser drei monotheistischen Religionen steht eine Offenbarung: die Begegnung mit einem Engel, die ja immer auch eine Begegnung mit Gott ist.

Und die nicht immer ganz ohne Komplikationen vonstatten geht …

Boxkampf mit einem Engel

Jakob hat mehrmals Engel gesehen. Er war nicht der Erste, und niemand wunderte sich darüber, jedenfalls nicht in seiner Familie. Er war jedoch der erste und einzige Mensch in der Bibel, der gegen einen Engel gekämpft hat. Davon spricht man bis heute. Denn am Ende dieses nächtlichen Zweikampfs, der sich um das Jahr 1700 v. Chr. abspielte, erhielt Jakob einen Namen, der als Bezeichnung noch immer lebendig ist: Israel.

Dabei war Jakob ein ganz schönes Schlitzohr. Sein Großvater, Abraham, war der erste Mensch, mit dem Gott nach der Sintflut sprach, und Er hatte ihm eine Nachkommenschaft so zahlreich wie die Sterne des Himmels versprochen. Jakobs Vater, Isaak, der dem Gottesopfer entgangen war, zog ihm Esau vor, seinen älteren Bruder (der nur ein ganz klein wenig älter war, denn die beiden waren Zwillinge); er hingegen war das Hätschelkind seiner Mutter Rebekka. Jakob war sehr hübsch, sanftmütig und zart. Nach der jüdischen Überlieferung soll sein Gesicht auf der Sichel des Mondes zu sehen sein, wenn er im ersten Viertel steht. Esau dagegen war ein Rotschopf und »über und über mit Haaren bedeckt wie mit einem Fell«; so heißt es in der Genesis, dem ersten Buch der Bibel.

Während der hübsche Jakob im Lager blieb und am Rockzipfel seiner Mutter hing, verbrachte Esau seine Zeit bei der Jagd draußen in der Steppe, von wo er dann völlig ausgehungert zurückkehrte. Das nutzte eines Tages der durchtriebene Jakob aus und tauschte einen dampfenden Teller Linsen gegen Esaus Erstgeburtsrecht ein. Ein schlauer Coup!

Doch um wirklich als der Ältere anerkannt zu werden, nicht nur materiell, sondern auch ideell, brauchte Jakob noch den Segen seines Vaters. Der war im Alter erblindet, was Mama Rebekka auf eine Idee brachte: Mithilfe ihres Talents als Schneiderin verkleidete sie ihren bartlosen Jüngeren als haarigen älteren Bruder, indem sie ihm ein hübsches Sweatshirt aus Ziegenfell nähte. Der Trick funktionierte: Im Schatten des väterlichen Zeltes gab sich Jakob als Esau aus. Isaak glaubte, ihn zu erkennen, als er sein falsches Fell fühlte, und segnete ihn als seinen Ältesten. Als Esau von der Jagd nach Hause kam, war es zu spät!

»[...] Esau [...] schrie heftig auf, aufs Äußerste verbittert«, heißt es in der Heiligen Schrift. Genesis (27, 34)

»Da sagte Esau: Hat man ihn nicht Jakob* (Betrüger) genannt? Er hat mich jetzt schon zweimal betrogen: Mein Erstgeburtsrecht hat er mir genommen, jetzt nimmt er mir auch noch den Segen.« Esau hätte tatsächlich auf der Hut sein müssen: Jakob bedeutet auf Hebräisch Usurpator.

Genesis (27, 36)

Doch auch ein geraubter Segen lässt sich nicht zurücknehmen.

Als Esau, der große Haarige, daraufhin außer sich vor Zorn drohte, seinen Schuft von Bruder umzubringen, schickte Rebekka ihren lieben kleinen Jakob weit weg, um sich eine Frau zu suchen. Er sollte so lange aus der Schusslinie bleiben, bis Esau in der Zwischenzeit wieder zu Vernunft gekommen sei.

Als Jakob viele Jahre später, nach zahlreichen Abenteuern, vermögend, mit mehr Frauen verheiratet als ursprünglich geplant und bereits Vater von elf Söhnen, zurückkehrte, war er bereit, seinem Bruder Esau gegenüberzutreten.

Die Nacht davor verbrachte er ganz allein.

»Als nur noch er allein zurückgeblieben war, rang mit ihm ein Mann, bis die Morgenröte aufstieg. Als der Mann sah, dass er ihm nicht beikommen konnte, schlug er ihn aufs Hüftgelenk. Jakobs Hüftgelenk renkte sich aus, als er mit ihm rang.

Der Mann sagte: Lass mich los; denn die Morgenröte ist aufgestiegen.

Jakob aber entgegnete: Ich lasse dich nicht los, wenn du mich nicht segnest.

Jener fragte: Wie heißt du?

Jakob, antwortete er.

Da sprach der Mann: Nicht mehr Jakob wird man dich nennen, sondern Israel [Gottesstreiter]; denn mit Gott und Mensch hast du gerungen und hast gewonnen.

Nun fragte Jakob: Nenne mir doch deinen Namen!

Jener entgegnete: Was fragst du mich nach meinem Namen?

Genesis (32, 25–30)

Dann segnete er ihn dort.«

Natürlich fasste es der arme Mr. Chatterton als persönliche Beleidigung auf, dass dieser »Jemand«, dieser Unbekannte, der sich als Engel erwies, seine Anonymität wahrte und Jakob seinen Namen nicht nannte. Doch lassen wir das.

Entscheidend ist, dass Jakob nach hartem Ringen den endgültigen Segen erlangte, den göttlichen Segen, den, der ihn zum wahren Älteren

---

* Der Name Jakob kommt von der Wurzel *aqav*: verdrängen, ausstechen, hintergehen.

machte, zum spirituellen Erben Abrahams und damit auch zum Erben von Gottes Versprechen. Esau hingegen, der Hetiterinnen heiratete, »für Isaak und Rebekka Anlass zu bitterem Gram«, wurde Stammvater der Edomiter, den Nachkommen Esaus, »der auch Edom* hieß«, für die sich heute niemand mehr interessiert. Die zwölf Söhne Jakobs jedoch wurden die Stammväter der zwölf Stämme Israels, der Israeliten**.

Genesis (26, 35)
Genesis (36, 1)

Und das, obwohl Gott wusste, dass Jakob ein Betrüger war, denn er sieht alles, auch nachts …

Was für ein sonderbarer Einfall aber auch, gegen einen Engel zu *kämpfen*! Wenn man einen Engel sieht, wirft man sich doch normalerweise zu Boden?

Warum war der Engel schwächer als Jakob?

Die ganze Geschichte entspricht nicht im Geringsten dem Bild, das man sich von der Art und Weise macht, wie man göttlichen Segen erlangt, und noch weniger dem des Verhaltens von Engeln in der Öffentlichkeit. Man kann sich kaum vorstellen, dass eine dieser himmlischen Gestalten zur Erde hinunterkommt, um sich mit einem Menschen zu prügeln wie die Kesselflicker – und das obendrein unter Missachtung der Regeln des Marquis von Queensbury.

Denn der Engel, mit dem wir es hier zu tun haben, ist keineswegs ein Gentleman und hat eigenartige Manieren. Um die Oberhand zu gewinnen, spielt er Jakob übel mit. Er zielt ganz buchstäblich unter die Gürtellinie: Was in der Bibel ein »Schlag auf den Hüftmuskel« genannt wird, war nämlich in Wirklichkeit ein Treffer auf den Ischiasnerv, der seinen Ursprung im Nervengeflecht in der Kreuzbein-Gegend hat: Das was die Bibel so schamhaft umschreibt, war also nichts anderes als ein kräftiger Tritt in die Eier, und zwar so heftig, dass Jakob, nachdem er zu Israel geworden war, als Folge davon sein Leben lang hinkte – und er wurde 147 Jahre alt! Gott sei Dank hatte diese Verletzung wohl keine negativen Auswirkungen auf seine Männlichkeit, denn Benjamin, sein zwölfter Sohn, wurde geraume Zeit nach dem Kampf geboren.

Genesis (32, 33)

Offen gesagt, geschah es Jakob ganz recht. Das war der Tribut, den er dafür bezahlen musste, Stammvater der Israeliten zu werden. Der Engel

---

*   *Edom* bedeutet auf Hebräisch »Roter«.
** Nicht zu verwechseln mit den Israelis, den Einwohnern des Staates Israel, gegründet 1948.

hatte seinen Tritt sicher nicht zufällig platziert – zweifellos handelte es sich um eine Art muskulösen Segens am Ursprungsort von Jakobs Nachkommen. Auch für das Symbol des Bundes zwischen Gott und Abraham, die Beschneidung, wurde ja schließlich eine merkwürdige Stelle ausgewählt.

Der Nutzen, den Jakob aus dem Ereignis zieht, besteht in der Änderung seiner Identität. Der Engel gibt Jakob, dem Betrüger, den Namen »Gründer Israels«. Gott hatte Abraham gelobt, er werde der Stammvater eines riesigen Volkes sein, und seit seinem Enkel Jakob trägt dieses Volk, das Volk Gottes, einen Namen, den Gott selbst ausgewählt hat und der »Gottesstreiter« bedeutet. Ziemlich originell!

Denn Gott ist keineswegs konventionell. Oft wirkt seine Handlungsweise ziemlich verwirrend. In Jakob hat Er sich einen Menschen ausgesucht, der ihm widersteht und der so unbedingt Seinen Segen erlangen will, dass er ihn von Gott erzwingt, wie von gleich zu gleich. Mit Jakob lässt sich Gott auf einen liebevollen Kampf ein, bei dem Er dazu bereit ist, nicht das letzte Wort zu haben – ansonsten hätte Er ihm einen stärkeren Engel gesandt, einen von denen, die mit einem Flügelschlag ganze Städte zerstören können. In diesem Fall scheint Er jedoch die Schläge seines Engels abzumildern, wie ein Vater, der mit seinem kleinen Sohn boxt, bis einer von beiden k.o. geht – oder beinahe jedenfalls.

Was hätte Gott dagegen mit Esau angestellt, in dessen Pelz die rabbinischen Kommentare später zahlreiche Läuse entdeckten, obwohl sein Fehler doch lediglich darin bestand, sich von der Stimme seines leeren Magens leiten zu lassen?

Gott spuckt die Lauwarmen aus – und Jakob war kein Lauwarmer.

Außerdem war er ein jüngerer Bruder, und Gott hat eine unleugbare Schwäche für jüngere Brüder und kleine Nachzügler: Abel, jüngerer Bruder von Kain; Isaak, jüngerer Bruder von Ismael; Jakob, jüngerer Bruder von Esau; Efraim, jüngerer Bruder von Manasse; Josef und Benjamin. Liegt es daran, dass sie verletzlicher oder weniger an materielle Güter gebunden sind als ihre älteren Geschwister? Wer weiß … Dabei sollte man aber nicht glauben, dass Gott keine Rotschöpfe mag; König David beispielsweise hatte feuerrotes Haar.

Israel ist die große Liebe Gottes, und ihr Bund dauert bis heute an. Überdruss stellte für dieses heute schon sehr betagte Paar nie eine Bedrohung dar, während Ehebruch, beleidigtes Schmollen und Versöhnungen schon seit biblischen Zeiten immer wieder an der Tagesordnung waren. Um dem Geliebten zu gefallen, hält Israel immerhin schon seit über viertausend Jahren eine koschere Diät ein und liest stets wieder aufs Neue die Tora, die zugleich den Ehevertrag als auch das Album einer ereignisreichen Hochzeitsreise darstellt: »Weißt du noch, damals ...« Jedes Seiner Worte wird endlos kommentiert, gewogen und analysiert – wenn sie sich nicht gerade anschreien, um herauszufinden, wer wo die kleinen Löffel hingeräumt hat!

Die Christen sprechen sowohl von Gott, dem Vater als auch vom »Gott Abrahams, Isaaks und Jakobs«. Die biblische Szene von Jakobs Kampf mit dem Engel wurde dann auch häufig in Kirchen dargestellt, beispielsweise auf dem Gemälde von Eugène Delacroix in der Pariser Kirche Saint-Sulpice.

Doch Jakob wird auch im Koran genannt, und zwar unter seinen beiden Namen Jakob (auf Arabisch *Ya'qūb*) und Israel. Ein Bericht von seinem Kampf gegen den Engel fehlt allerdings, da die Muslime, die Engel als durch und durch vorbildliche Wesen betrachten, diese Geschichte für absolut unwahrscheinlich halten.

An dieser Stelle müssen wir ein wenig ins Detail gehen. Das, was wir die Bibel nennen, ist, textkritisch betrachtet, eine ganze Bibliothek. Die Juden nennen sie *TaNaKh* (Tenach) nach den drei kanonischen Hauptelementen Tora, Propheten und Schriften. T steht für die *Tora*, »Lehre, Unterweisung«[*], die die fünf Bücher Mose enthält (Genesis, Exodus, Levitikus, Numeri, Deuteronomium), welche die Christen Pentateuch nennen; N steht für *Neviim*: die prophetischen Bücher (Josua, Richter, Samuel I und II, Könige I und II, Jesaja, Jeremia, Ezechiel sowie die zwölf jüngeren prophetischen Schriften); K steht für *Ketuvim*: die Hagiographen (Psalmen, Sprüche, Hohelied etc.). Die Bibel der Christen besteht aus dem *Tenach* – den sie als Altes Testament bezeichnen – sowie dem, was sie Neues Testament nennen: den Texten, die Jesus betreffen (die vier Evangelien, die Apostelgeschichte, die Briefe und die Offenbarung des Johannes).

Und noch eine Präzisierung: Das Wort Testament ist mehrdeutig; es kommt vom lateinischen *testamentum*, das zum einen eine Übersetzung des griechischen *diatheke* (Übereinkunft, testamentarische Verfügung) und zum anderen eine Übersetzung des hebräischen *brit* (Bund)

---

[*] So die übliche Übersetzung. Das Wort Tora kommt von der hebräischen Wurzel *jrh*, die »lehren« bedeutet.

darstellt. Viele moderne Übersetzer halten es daher für richtiger, vom
Ersten und Zweiten Bund zu sprechen anstatt vom Alten und vom
Neuen Testament. Das Wort *testamentum* ist vom lateinischen Wort *testis*
abgeleitet, das zugleich Zeuge und Testikel bedeutet, wobei der Zeuge
derjenige war, der seine männlichen Attribute in die Waagschale legte,
um seine Aussagen zu bestätigen. Eine raue Sitte, die auch die Erzväter
praktizierten: Beim Schwur muss Abrahams Knecht »seine Hand unter

die Hüfte seines Herrn Abraham« legen. Damit sind wir nicht weit von
Jakob entfernt! Sobald von Engeln die Rede ist, kommt fast unvermeid-
lich auch die Sexualität ins Spiel.

Mit den besten Grüßen

Ein Engel und eine Frau. Jeder kennt die Geschichte. Weder die heilige
Jungfrau noch der Erzengel Gabriel bedürfen einer Vorstellung. Ohne
ihren Dialog hätte es Jesus nicht gegeben.

Die Szene muss sich etwa im Jahr 1 v. Chr. abgespielt haben, jedenfalls wenn man die moderne Überzeugung der Historiker außer Acht
lässt, Jesus sei ungefähr im Jahr 6 vor unserer Zeitrechnung auf die Welt
gekommen, da der christliche Kalender erst sechs Jahrhunderte später
von einem armenischen Mönch aufgestellt wurde, der sich bei seinen
Berechnungen irrte.

Der Evangelist Lukas beschreibt das Ereignis folgendermaßen:

»Im sechsten Monat wurde der Engel Gabriel von Gott in eine Stadt
in Galiläa namens Nazaret zu einer Jungfrau gesandt. Sie war mit einem
Mann namens Josef verlobt, der aus dem Haus David stammte. Der
Name der Jungfrau war Maria. Der Engel trat bei ihr ein und sagte:

Sei gegrüßt, du Begnadete, der Herr ist mit dir.

Sie erschrak über die Anrede und überlegte, was dieser Gruß zu
bedeuten habe. Da sagte der Engel zu ihr:

Fürchte dich nicht, Maria, denn du hast bei Gott Gnade gefunden.
Du wirst ein Kind empfangen, einen Sohn wirst du gebären: dem sollst
du den Namen Jesus geben. Er wird groß sein und Sohn des Höchsten
genannt werden. Gott, der Herr, wird ihm den Thron seines Vaters
David geben. Er wird über das Haus Jakob in Ewigkeit herrschen, und
seine Herrschaft wird kein Ende haben.

Maria sagte zu dem Engel:

Wie soll das geschehen, da ich keinen Mann erkenne?

Der Engel antwortete ihr:

Der Heilige Geist wird über dich kommen, und die Kraft des Höchsten wird dich überschatten. Deshalb wird auch das Kind heilig und Sohn Gottes genannt werden. Auch Elisabet, deine Verwandte, hat noch in ihrem Alter einen Sohn empfangen; obwohl sie als unfruchtbar galt, ist sie jetzt schon im sechsten Monat. Denn Gott ist nichts unmöglich.

Da sagte Maria:

Ich bin die Magd des Herrn; mir geschehe, wie du es gesagt hast.

Danach verließ sie der Engel.«   Lukas (1, 26–38)

Der Engel Gabriel, von untadeliger Höflichkeit, spielt hier die klassische Rolle eines biblischen Engels: Er verkündet eine höchst wichtige und unwahrscheinliche Geburt. Auch zu Abraham kamen Engel, um ihm anzukündigen, dass Sara, seine Frau, einen Sohn bekommen würde. Als daraufhin Sara, die hinter der Zeltwand lauschte, anfing zu lachen (sie war 90 und Abraham schon fast 100 Jahre alt), gab ihr einer der Engel ganz entsetzt eine ähnliche Antwort wie Gabriel Maria: »Ist beim Herrn etwas unmöglich?« Und noch im selben Jahr wurde auf ganz   Genesis (18, 9–14) natürliche Weise, wenn man so sagen darf, Saras und Abrahams Sohn Isaak geboren.

Neu an der Szene bei Lukas ist der »Heiratsantrag«, auf den die junge Maria mit einem Sinn fürs Praktische antwortet, den sie auch später stets unter Beweis stellen wird: Auch bei der Hochzeit von Kana ist sie es, die ankündigt, dass es bald keinen Wein mehr gebe und damit die wunderbare Karriere ihres Sohnes in Gang setzt. Wenn Maria dem Engel antwortet, dass sie noch keinen Mann erkennt, obwohl sie verlobt ist, will sie damit offensichtlich ausdrücken, dass sie noch Jungfrau ist. Daher stammt auch der Euphemismus »erkennen im biblischen Sinn«.

Das Christentum wurde also aus dem Dialog zwischen einem Engel und einem jungen Mädchen geboren. In einem mittelalterlichen apokryphen Evangelium heißt es darüber: »Das Wort Gottes drang durch ihr Ohr in sie ein, und so begann die Schwangerschaft der Heiligen Jungfrau.« Dies wäre dann der einzige bekannte Fall einer auricularen Insemination … Wichtiger jedoch ist die Antwort, die Maria dem Engel gibt: *Fiat!*[*] (Lateinisch für: »So sei es!«, was an das göttliche *Fiat lux!* –

---

[*] *Fiat mihi secundum verbum tuum:* »Mir geschehe nach deinem Wort.«

»Es werde Licht!« – zu Beginn der Genesis erinnert), und mit der sie die Menschheit erlöst, die durch die Kollaboration Evas mit dem Dämon korrumpiert worden war.

Das erste Mal, als ein Engel sich an eine Frau wandte, hinterließ nämlich äußerst üble Erinnerungen: Bei dem Engel handelte es sich um Satan, den bösen Engel, die Schlange, die Eva im Garten Eden dazu überredete, in die verbotene Frucht zu beißen, mit allen verhängnisvollen Konsequenzen, die diese Tat für ihre Nachkommen mit sich brachte: die Geburt unter Schmerzen, die Unterordnung der Frau unter ihren Genesis (3, 14–19) Ehemann, Arbeit, Tod und andere Nettigkeiten. Im Mittelalter erlangte folgendes Anagramm Berühmtheit: Dem Namen EVA entsprach das AVE (Sei gegrüßt), mit dem der Engel Maria anspricht. Maria verkörperte Eva verkehrt herum. Noch heute findet man zahlreiche Statuen, die Maria darstellen, wie sie die Schlange, die Eva in ihren Bann schlug, mit ihren nackten Füßen tritt.

Das *Ave Maria* (Sei gegrüßt, Maria), das Gabriel aussprach, ist zu einem der bekanntesten, ältesten und am häufigsten gesprochenen Gebete des Katholizismus geworden: fünfzigmal in einem normalen Rosenkranz und hundertfünfzigmal in einem Rosenkranz mit entsprechend vielen Ave-Maria-Perlen! Der Engel hingegen hat dem Angelus seinen Namen gegeben, einem Gebet, das im 12. Jahrhundert aufkam. Der Maler Jean-François Millet machte es im 19. Jahrhundert durch sein Gemälde »Angelus« unsterblich, das bis heute als beliebtes Motiv beschaulicher Gratis-Kalender allgemein bekannt ist. Das Angelus wird seit dem 15. Jahrhundert morgens, mittags und abends beim Läuten der Glocke gebetet; es enthält seinerseits drei Ave und verdankt seinen Namen, wie alle Gebete, dem Wort, mit dem es beginnt: *Angelus Domini nuntiavit Mariae:* »Der Engel des Herrn verkündete Maria ...«

Obwohl in den Evangelien kaum etwas über Maria steht, hat sie in den meisten christlichen Glaubensrichtungen eine enorme Bedeutung, und zwar aus verschiedenen Gründen. Das Christentum hat Gott in drei Teile gesprengt, und Maria ist die Zündschnur dieser göttlichen Bombe: Als Tochter von Gott Vater, Gattin des Heiligen Geistes und Mutter Jesu Christi ist sie zugleich Tochter, Gattin und Mutter Gottes – Er ewig einzigartig, sie ewig Jungfrau. Diese komplexen und mysteriösen Familienverhältnisse sind ein Leckerbissen für die Theologen.

Für einen gläubigen Christen verkörpert Maria in erster Linie seine gute Mutter, und zwar aus einem ganz einfachen Grund. Kurz vor dem

Tod Jesu am Kreuz geschah nämlich Folgendes: »Als Jesus seine Mutter sah und bei ihr den Jünger, den er liebte, sagte er zu seiner Mutter:

›Frau, siehe, dein Sohn!‹

Dann sagte er zu dem Jünger:

›Siehe, deine Mutter!‹«

Johannes (19, 26–27)

Indem er den jungen Johannes auf diese Weise seiner Mutter anvertraute, vertraute ihr Jesus die Mutterschaft über alle an, die er liebt, das heißt über die gesamte Menschheit. So lautet die traditionelle Interpretation seit zwanzig Jahrhunderten.

Durch Maria haben alle Christen eine jüdische Mutter, besitzen allerdings zugleich die tragische Neigung, diese Herkunft zu vergessen. 1910 äußert sich Léon Bloy äußert heftig zu diesem Thema: »… der Antisemitismus, eine ganz moderne Sache, ist die furchtbarste Ohrfeige, die unser Herr Jesus Christus während seiner Passion, die noch immer andauert, erhalten hat. Es ist die verletzendste und unverzeihlichste, weil er sie auf das Angesicht seiner Mutter und von der Hand der Christen erhält.« Am 6. September 1938 wiederholt Pius XI. den Schäfchen seiner Herde gegenüber, der Antisemitismus sei schon deshalb inakzeptabel, weil wir alle spirituell gesehen Semiten seien. Damit folgt er Augustinus, der in einem seiner Briefe schrieb, wir seien Juden, nicht nur fleischlich, sondern spirituell; wir seien der Same Abrahams, nicht dem Fleische nach, sondern nach dem Geist des Glaubens.

Quelle: *Le Vieux de la montagne*, Mercure de France, 2. Januar 1910

Das Christentum, hervorgegangen aus dem Judentum (der Engel Gabriel sagt, dass Jesus, Nachfahre Davids, »über das Haus Jakobs herrschen wird«), löst sich von seinen Ursprüngen, indem es Jesus als den Messias betrachtet, der Israel versprochen worden war. Davon ausgehend, betrachtet das Christentum die Kirche, die Gemeinschaft der Christen – gleichsam wie ein neues Israel – von da an als das Volk, das die Verheißung Gottes Abraham gegenüber erbt. Diese Sicht spiegelt sich symbolisch in zwei hochgewachsenen Zwillingsschwestern wider, deren Abbildung man manchmal an Kathedralen sehen kann: Eine trägt eine Krone, eine andere eine Augenbinde; Erstere repräsentiert die Kirche, die Zweite die Synagoge*. Das Christentum betrachtet sich also als

---

* Typischer Ausdruck der früheren antijüdischen Haltung, wie sie heute auch vom Papst angeprangert wird. Nachdem die katholische Kirche lange Zeit danach strebte, die Juden zu konvertieren, vertritt sie heutzutage die Ansicht, dass den Juden in der Heilsgeschichte eine eigene Rolle zukommt.

Ergebnis des Judentums, der einzigen wahren Religion vor Jesus, die jedoch nach ihm überholt war – eine Art lebendiger Anachronismus.

Heutzutage lesen die Christen weder den Talmud noch die unzähligen rabbinischen Kommentare, die seit vielen Jahrhunderten die Seele des Judentums ausmachen. Das war nicht immer so: Im 13. Jahrhundert zum Beispiel bildeten diese Texte die Grundlage für öffentliche Streitgespräche zwischen gelehrten Juden und Christen. Später jedoch wurden sie zensiert oder als blasphemisch verbrannt.

Da die Texte, die als Erste aus dem Talmud gestrichen wurden, die über Jesus waren, wissen wiederum viele Juden nicht, dass er sich selbst als einen Meister der *Mischna* (einer Sammlung von Lehrsätzen der mündlichen Tora) bezeichnete. Nach der Überlieferung soll er am Vorabend des Pessach-Festes erhängt worden sein, nachdem er zuvor gesteinigt wurde, weil er »Israel verzaubert, verführt und abgelehnt hatte«.[*] Der Talmud berichtet zudem von fünf Jüngern: *Mathaj* (Matthäus), *Naqaj* (Lukas), *Neçer, Buni* und *Thoda* (Thaddäus).

Talmud,
Sanhedrin (43 a)

Wie dem auch sei, jedenfalls betrachten die Juden Jesus als denjenigen Juden, der ihnen den größten Ärger in der gesamten Geschichte bescherte. Für sie ist er keineswegs ein Prophet und schon gar nicht der Messias, den Israel erwartet. Und vor allem nicht Gott. Was das Mysterium seiner Geburt betrifft, so zählt Schweigen noch zu den höflichsten Reaktionen darauf. Der spanische Rabbiner Mose ben Nachman (Nachmanides) äußerte sich im Juli 1263 in Barcelona, König Jakob I. von Aragón gegenüber, folgendermaßen: »Ihr, unser Herr und König, Ihr seid Christ, Sohn eines Christen und einer Christin; Euer Leben lang habt Ihr Priester, Mönche und Prediger von der Geburt Jesu erzählen hören. Sie haben Euer Gehirn und Euer Knochenmark damit voll gestopft, bis die Gewohnheit es Euren Geist glauben machte. Doch ein gesunder Verstand kann Derartiges nicht akzeptieren. [...] Die Tatsache, dass der Schöpfer des Himmels und der Erde sowie von allem, was in ihnen ist, in den Bauch einer jüdischen Frau eindringt, sich dort neun Monate lang aufhält und einem kleinen Kind das Leben schenkt, dass er heranwächst und dann seinen Feinden ausgeliefert wird, die ihn

---

[*] Das 229. und das 230. Gebot des jüdischen Gesetzes schreibt nach bestimmten Verurteilungen Steinigung und Erhängen vor. Diese Strafe war auch für Jesus vorgesehen (cf. Johannes 10, 33). Bei der Kreuzigung handelte es sich um eine römische Hinrichtungsmethode für Sklaven und Aufständische.

richten, zum Tode verurteilen und ihn töten, dass er danach wieder auferstehet und zu seinem Ursprungsort zurückkehrt, das ist unerträglich für den Verstand aller Juden sowie für den aller anderen Menschen!«

Nahmanide,
*La Dispute
de Barcelone*

Paradoxerweise stellt das Wunder der Geburt Jesu für die Muslime überhaupt kein Problem dar. Christen wissen oft gar nicht, welchen Stellenwert Maria unter dem Namen Maryam im Koran besitzt, der sich übrigens viel ausführlicher über sie äußert als die Evangelien. Die dritte Sure berichtet von ihrer Herkunftsfamilie, ihrem Vater Joachim *('Imran)*, ihrer Cousine Elisabet *(Ishba)*, ihrer Geburt, ihrer Jugend im Tempel bei ihrem Onkel Zacharias und sogar über die Begegnung mit dem Engel Gabriel in der Nähe der Brunnen von Salwan, wo er ihr die wunderbare Geburt von Jesus *('Īsā)* verkündigt:

»(Gedenke), da die Engel* sprachen: O Maria, siehe, Allah verkündet dir ein Wort von Ihm; sein Name ist der Messias Jesus, der Sohn der Maria, angesehen hienieden und im Jenseits und einer der (Allah) Nahen. Und reden wird er mit den Menschen in der Wiege und in der Vollkraft, und er wird einer der Rechtschaffenen sein.«

Koran (3, 45–46)

In einem anderen Kapitel bringt die junge Frau ihr Erstaunen zum Ausdruck: »Woher soll mir ein Knabe werden, wo mich kein Mann berührt hat und ich keine Dirne bin?«

Koran (19, 20)

Der Geist Gottes sei »durch den Schlitz ihres Gewandes« in Maria eingedrungen, heißt es im Koran, und auch, dass alle Babys bei der Geburt schreien, weil sie von Satan gepiekt werden. Alle, außer zweien: Maria und Jesus.

Die Muslime betrachten Maria als jungfräuliche Mutter des Propheten Jesus, des Verkünders des letzten Propheten: Mohammed. Sie nennen Jesus »den Gesalbten«, und dieselbe Bedeutung hat auch das hebräische Wort *Maschiach*, Messias, sowie das griechische *Christos*: der, der die göttliche Salbung empfangen hat.

Doch auf keinen Fall sehen die Muslime Jesus als Gott oder Sohn Gottes an. Diese Vorstellung betrachten sie als blasphemisch. Gott hat weder Teilhaber noch Kinder, »Er zeugt nicht und wird nicht gezeugt«. Ebenso wenig ist Jesus gekreuzigt worden und wieder auferstanden. Ein anderer wurde an seiner Stelle gekreuzigt, und Jesus ist lebendig in den Himmel aufgefahren, von wo aus er am Ende der Zeiten wiederkehren

Koran (112, 3)

---

*   Scheich Si Hanza Boubakeur bemerkt dazu in seiner französischen Koran-Übersetzung, dieser Plural sei gewöhnlich eine andere Bezeichnung für den Engel Gabriel.

wird. Dies erscheint den Muslimen zum einen ehrbarer – da die Kreuzigung eine sehr schändliche Strafe darstellte – und zugleich auch viel rationaler.

Eine Lektion im Lesen

Mohammed wurde am 1. September 570 n. Chr. in Mekka geboren. Er verlor schon früh seine Eltern und hatte keine sehr glückliche Kindheit. Nachdem er als Waise von einem zum anderen geschoben worden war, nahm ihn schließlich ein Onkel zu sich, der Karawanenführer war. In seiner Jugend reiste Mohammed viel umher, in Syrien und Palästina, wo er Juden und Christen kennen lernte, und er führte an der Seite seines Clans ein kriegerisches Leben. Mit fünfundzwanzig Jahren trat er in die Dienste einer reichen Witwe, Khadidscha, die er einige Zeit später heiratete und mit der er vier Töchter hatte. Er besaß alles, was man zu einem glücklichen Leben braucht, und doch durchlebte er mit etwa vierzig Jahren eine Krise, während der er oft in Einsamkeit meditierte. Von Ängsten gequält, zog er sich immer häufiger in die Grotte des Berges Hira' zurück, ganz allein und ohne Nahrung zu sich zu nehmen. Bei Nacht wurde er von bedrückenden Albträumen heimgesucht. Ihm war, als erschiene ihm ein Wesen »groß wie der Abstand zwischen Himmel und Erde«, das ihn zu packen versuchte. Er erwachte schweißgebadet und zitternd. Tagsüber irrte er umher, mit wirrem Haar, ganz abgemagert, und dachte, er sei verrückt geworden oder von einem Dämon besessen. Bis zu der Nacht der letzten Dekade des Monats Ramadan im Jahr 612, die die Muslime »die Nacht des Schicksals« nennen, die Nacht, in der der Engel Gabriel zu ihm sprach.

»Der Engel kam zu mir, während ich schlief. Er hielt ein besticktes Tuch, in das ein Buch eingewickelt war:

›Lies!‹, befahl er mir.

›Aber ich kann nicht lesen!‹, antwortete ich.

Quelle: Toufic Fahd,
Histoire des religions
(»*Naissance de l'islam*«)

Da presste er mir das Buch so fest auf Mund und Nase, dass ich fast erstickte. Einen Moment lang glaubte ich, er sei der Tod. Dann ließ er mich los.«

Zweimal wiederholt der Engel seinen Befehl und seine energische Geste. Nach dem dritten Mal fragt Mohammed ihn, was er lesen solle, und der Engel spricht ihm Sätze vor, die Mohammed wiederholt und die sich in seinem Herzen eingraben. Der Engel verschwindet, Mohammed erwacht und verlässt seine Höhle.

»Kaum war ich den Berg zur Hälfte hinuntergestiegen, als ich eine Stimme hörte, die sagte: ›O Mohammed! Du bist der Apostel Gottes, und ich bin Gabriel.‹ Ich blickte hinauf zum Himmel; und dort war Gabriel, in Gestalt eines jungen Mannes, die Fersen auf gleicher Höhe mit dem Horizont des Himmels. Erneut sagte er zu mir: ›O Mohammed! Du bist der Apostel Gottes, und ich bin Gabriel.‹ Ich hielt inne, sah ihn an und konnte weder weitergehen noch umkehren. Ich wandte den Kopf zu anderen Punkten am Horizont, doch ich konnte nirgendwo hinschauen, ohne den Engel in derselben Haltung zu erblicken. So stand ich da und konnte mich weder weiter fortbewegen noch auf demselben Weg zurückgehen.«

Mohammed kehrt erst am Abend des nächsten Tages nach Hause zurück. Mehr als zwanzig Jahre lang verkündet er danach aus dem Buch, das in seinem Herzen eingeprägt ist und über das ihn der Engel stets weiter unterrichtet. Die Beziehung zwischen Gabriel und Mohammed verbesserte sich zusehens, bis Gabriel ihn eines Tages, zehn Jahre später, auf dem Rücken eines Reittiers zu Besuch mit in den Himmel nahm.

Für Mohammed kam gar nichts anderes in Frage, als dem Engel zu gehorchen. Gabriel (auf Arabisch Ǧabra'īl) erlangt hier seine biblische Stärke wieder und erstickt Mohammed beinahe, doch der Prophet unternimmt keinerlei Anstrengung, sich zu verteidigen, sondern versucht, dem Engel, soweit es in seiner Kraft liegt, zu gehorchen. Damit unterscheidet er sich ganz wesentlich von Jakob, dem Kämpfer. *Islam* bedeutet »Unterwerfung unter den Willen Gottes«. Nach dem Vorbild des Propheten verpflichten sich die Muslime zur Unterwerfung unter Gott, manchen Überlieferungen zufolge sogar zur Sklaverei.

Das erste Wort, das der Engel zu Mohammed sagt, ist »Lies!«, auf Arabisch *Iqra!* Qur'ān (Koran) bedeutet demnach »Lesung, Vortrag«, abgeleitet von *qara'a*, was »lesen« oder »rezitieren« heißt. Es gibt nur eine Heilige Schrift, das heilige Buch, das allein bei Gott geschrieben steht und zu gegebener Zeit Seinen Propheten – Abraham, Mose, Jesus und Mohammed – offenbart wurde. Die Muslime betrachten daher Juden und Christen, ebenso wie sich selbst, als »Völker des Buches« beziehungsweise »Schriftenbesitzer«. Die wahre Heilige Schrift befindet sich jedoch, wie gesagt, allein bei Gott im Himmel.

Mektub!, wiederholen die Muslime: Es steht geschrieben; alles steht geschrieben. Selbst die Engel im Himmel tauchen ihre Federn in Tinte, und es ist ein Engel, der nach dem Diktat Gottes das Schicksal eines jeden Menschen auf die Gebärmutter seiner Mutter schreibt, sobald er in ihrem Leib angekommen ist.

Wie Gabriel es befahl, besitzt das Studium im Islam einen hohen Stellenwert, und zwar nicht nur das Studium des Koran. Seit dem Hochmittelalter erlangten Muslime auf allen Gebieten der Wissenschaft Berühmtheit. Davon ist das Beispiel von Alkindus, der der Algebra entscheidende Impulse gab, nur eines von vielen. »Dem, der sich einen Weg bahnt, um Wissen zu suchen, wird Gott einen Weg zum Paradies zeigen. Die Engel werden ihm mit gesenkten Flügeln dienen, um ihn zufrieden

Abu Da'ud in:
Sunnan Abi Da'ud
(enthält 4 800 Überlieferungen von
ursprünglich 500 000)

zu stellen. Alle Bewohner des Himmels und der Erde, selbst die Wale im Meer, werden um Vergebung bitten für den, der zu lernen versucht«, besagt ein *Hadith* (»Ausspruch«), die Wiedergabe eines inspirierten Spruchs des Propheten.

Die Größe Gabriels in der letzten Vision Mohammeds ist bezeichnend für die beträchtliche Bedeutung der Engel im Islam. Der Glaube an sie gehört sogar zu den formalen Glaubensgrundsätzen, die in den sechs Artikeln des muslimischen Glaubensbekenntnisses zusammengefasst sind: 1. der Glaube an Gott, 2. an die Engel Gottes, 3. an das Buch Gottes, 4. an die Propheten Gottes, 5. an den Tag des Gerichts, 6. an die Prädestination. Ein Muslim, der nicht an Engel glaubt, wäre schlichtweg ein Abtrünniger.

Für die Muslime ist der Koran das Wort Gottes, das Mohammed durch den Engel Gabriel offenbart wurde. Es gibt nur einen Gott *(Allah)*, den Gott Abrahams, Moses, Jesu und Mohammeds, seines letzten Propheten, dessen Ankunft Jesus im Johannes-Evangelium ankündigte: »Es ist gut für euch, dass ich fortgehe. Denn wenn ich nicht fortgehe, wird der Beistand [Paraklet] nicht zu euch kommen: gehe ich aber, so werde ich ihn zu euch senden. [...] Wenn aber jener kommt, der Geist der Wahrheit, wird er euch in die ganze Wahrheit führen. Denn er wird nicht aus sich selbst heraus reden, sondern er wird sagen,

Johannes (16, 7–13) was er hört, und euch verkünden, was kommen wird.« Für die Christen ist dieser Beistand oder Paraklet (vom griechischen Wort *parakletos**:

---

* Die Evangelien fanden schon früh in griechischer Sprache Verbreitung. Die griechische Bibelfassung, die als Septuaginta bekannt ist, stammt aus dem 3. Jahrhundert.

Tröster, Fürsprecher) der Heilige Geist, der an Pfingsten auf die Apostel niedergehen wird. Nach Meinung der Muslime dagegen muss man an dieser Stelle *paraklytos* lesen, was »würdig, gepriesen zu werden« bedeutet und rückübersetzt wiederum auf Arabisch *Muhammad* ergibt: Mohammed, »der Gepriesene«.

Die Muslime erkennen die Gültigkeit der Bibel und der Evangelien an, doch sie glauben, dass Juden und Christen diese Texte, die lange nach den eigentlichen Geschehnissen niedergeschrieben wurden, stark verfälscht haben. Genauso wie Jesus weder Gott noch Gottes Sohn ist, ist Israel nicht das auserwählte Volk, und Gott hat niemals einen Bund mit ihm geschlossen; auch hat Abraham nicht seinen Sohn Isaak (den ihm seine Frau Sara gebar; der Vater Jakobs und Stammvater der Juden) als Opfer darbringen wollen, sondern seinen älteren Sohn Ismael (geboren von einer ägyptischen Dienerin, Agar, Stammvater der Araber) etc.

Der Koran allein stellt die Wahrheit wieder her. Auf dieselbe Weise, wie sich das Christentum als Vollendung des Judentums betrachtet, stellt sich der Islam als Vollendung der beiden ihm vorangegangenen monotheistischen Religionen dar.

Natürlich verstehen ihn weder die Christen noch die Juden als solche. Für sie ist Mohammed kein Prophet, sondern lediglich ein erleuchteter Mann, ein Krieger, der polygam war wie ein Patriarch* und der für sein bis dato heidnisches Volk eine schlichte, absolute und universelle monotheistische Religion erfand. Dabei bediente er sich des Wissens und der Erfahrungen, die er im Laufe der Jahre auf seinen Reisen angesammelt hatte. Zum einen schöpfte er aus dem Judentum, das er adaptierte und simplifizierte. So findet man beispielsweise in der muslimischen *Scharia* die jüdische *Halacha* wieder, Gesetze, die jede Minute und jeden Aspekt des Lebens eines Gläubigen regeln, und auch die *Tahara* (Vorschriften über Reinheit und Unreinheit, Nahrungstabus, etc.) wurde übernommen, sogar unter demselben Namen. Dieser überarbeiteten Lehre des Judentums soll Mohammed außerdem noch Elemente aus dem Arianismus hinzugefügt haben, einer »christlichen Irrlehre«**, die die Göttlichkeit Jesu nicht anerkennt.

---

* Nach den Traditionen besaß Mohammed elf Ehefrauen: Khadidscha, Sauda, A'ischa, Dschuwairya, Hafsa, Zainab, Ummu's-Salama, Zainab, Safiya, Ummu Habiba und Maimuna, sowie zwei Konkubinen, Maria die Koptin und Rihana.
** 325 auf dem Konzil von Nizäa verurteilt

Inmitten all der Unterschiede zwischen den Religionen gibt es jedoch einen kleinen – und doch unendlich großen! – gemeinsamen Nenner: Niemand zieht die Existenz des einzigen Gottes in Zweifel.

Außerdem sind sich alle ihrer direkten Abstammung von Abraham sicher: Er ist der legitime Großvater der Juden (durch Jakob), natürlicher Vorfahr der Muslime (durch Ismael) und Adoptiv-Ahne der Christen (durch Maria). Auf diese Abstammung kann sich heutzutage etwa die Hälfte der Weltbevölkerung berufen, was Abraham den unanfechtbaren Titel »Vater der Gläubigen« eingetragen hat.

Und keiner seiner zahlreichen Nachkommen bestreitet die Existenz und die Macht des Engels Gabriel.

Kapitel II

*In dem Antworten auf grundsätzliche Fragen über
Engel gegeben werden: Alter, Anzahl, Sprache, Nahrung.*

*In dem man erfährt, wie all diese Informationen auf
äußerst zuverlässige Weise gesammelt werden konnten.*

*In dem man sich darin übt, die Größe Gottes zu berech-
nen und in dem noch von zahlreichen anderen Wundern
berichtet wird.*

Forschungsarbeit

Wie soll man, wenn es um Engel geht, nur so typische Reporterfragen wie: *Wann? Wie? Was? Wie viele? Warum?* beantworten, ohne dabei haarsträubenden Unsinn zu reden? Eines hilft uns dabei jedenfalls garantiert nicht weiter: Die sture Lektüre der heiligen Schriften – wie ja schon der wackere Mr. Chatterton feststellen musste. Daher verlegten sich die Kommentatoren im Lauf der Jahrhunderte auf andere Methoden: So griffen sie etwa Bibelverse, Worte und sogar Buchstaben einzeln heraus, schlugen sie wie Steine gegen andere – manchmal im Text sehr weit entfernte – Elemente, und ließen sich von den Sinnfunken, die von ihnen absprangen, inspirieren. Oder sie wuschen wie Goldsucher den Sand der Kapitel im Wasser der Tradition, in der Absicht, dabei die verschiedenen wörtlichen, historischen oder symbolischen Interpretationen herauszusieben, bis schließlich irgendwann in ihrem Sieb der wahre Goldklumpen glitzerte: der mystische Sinn.

Wann wurden die Engel erschaffen?

Unser bedauernswerter Freund Mr. Chatterton hätte sich einigen Verdruss ersparen können, wenn er von vornherein folgende Feststellung des heiligen Augustinus beherzigt hätte: »Wo die Heilige Schrift von der Erschaffung der Welt spricht, teilt sie nicht unzweideutig mit, ob und wann die Engel geschaffen sind.«

Aurelius Augustinus, *Vom Gottesstaat (De civitate dei)* (Buch XI, 9)

Womit er absolut Recht hat.

Die Bibel beginnt zwar mit dem geordneten Bericht der Erschaffung der Welt in sechs Tagen, aber man findet darin keinerlei Hinweise auf Engel, nicht das kleinste himmlische Federchen. Und doch gibt es die

Engel schon kurz darauf, und es ist ganz und gar unmöglich, dass sie nicht erschaffen wurden, da nichts und niemand existiert, der nicht von Gott geschaffen worden ist. Ganz recht, doch wann erschuf er die himmlischen Wesen? Diese Frage stellt eine äußerst kniffflige Aufgabe für unsere religiösen Detektive dar, der sie mithilfe von versteckten Indizien in den heiligen Versen auf die Spur zu kommen versuchen.

Noch vor dem Anfang

»Im Anfang schuf Gott Himmel und Erde« – so lautet der erste Satz der Bibel.

Eine ganze Reihe von fachkundigen Kirchenvätern (Basilius der Große, der heilige Gregor von Nazianz, der heilige Hilarius, der heilige Hieronymus, der heilige Johannes von Damaskus sowie Origenes) vertraten die Ansicht, die Engel hätten bereits vor der Schöpfung des Universums existiert. Dabei beriefen sie sich auf das Buch Ijob, in dem Gott dem Ijob folgende Fragen stellt: »Wo warst du, als ich die Erde gegründet? […] Wer hat ihren Eckstein gelegt, als alle Morgensterne jauchzten, als jubelten alle Gottessöhne?«

Ijob (38, 4–7)

Nun wird der Begriff »Gottessöhne«, auf Hebräisch *Bene Elohim*, in der Bibel als Bezeichnung für Engel verwendet. Als Gott die Erde erschuf, müssen die Engel also bereits dagewesen sein, denn sie klatschten ihm Beifall.

Während der Schöpfung

Sicher, sie waren da, aber wie lange schon? In dem Satz: »Wo warst du, als ich die Erde gegründet?«, bedeutet *als* so viel wie *während*. Daraufhin argumentierte Papst Gregor der Große, *während* bedeute nicht *vor* und zitierte seinerseits aus dem Buch Jesus Sirach: »Der, der in Ewigkeit lebt, hat alles insgesamt erschaffen«, das heißt die Welt der Engel als auch die wahrnehmbare Welt.

Jesus Sirach (18, 1)

Rupert von Deutz, im 12. Jahrhundert Benediktinerabt von St. Heribert in Deutz – heute ein Stadtteil von Köln –, der ein praktischer Mann war, gab wiederum Folgendes zu bedenken: Hätte Gott den Himmel nicht eine gewisse Zeit vor den Engeln erschaffen, wären sie für eine

Weile obdachlos gewesen, was jedoch dem Wesen Gottes, des perfekten Gastgebers, widerspräche.

Auch im Buch Bahir, der ältesten Schrift der Kabbala, wird in Form einer Metapher dieselbe Vorstellung ausgedrückt: »Das gleicht einem König, der Bäume in seinem Garten pflanzte, obwohl aber Regengüsse fielen und er immer aufnimmt, auch der Boden feucht ist, muss er sie doch von dem Quell her bewässern […] Da ließ er Felsen sprengen und Blöcke heraushauen; ein großer Wasserquell fließenden Wassers sprang hervor. Da sprach der König: da ich nun quellendes Wasser habe, will ich einen Garten pflanzen und mich an ihm ergötzen, ich und alle Wesen.« Gott, der königliche Gärtner, hat demnach zuerst den Himmel und dann die Engel erschaffen.

Gerhard Scholem
(Übers. u. Hg.),
Das Buch Bahir:
Ein Schriftdenkmal
aus der Frühzeit
der Kabbala

O.k., aber wann genau?

Für die Katholiken war das IV. Laterankonzil maßgeblich (bei dem u. a. die Lehre der Albigenser, einer Gruppe der Katharer, behandelt wurde, die behaupteten, es gebe einen guten und einen bösen Gott), das 1215 im Dekret *Firmiter* endgültig festlegte, Gott habe »seit Anbeginn der Zeiten alles zusammen aus dem Nichts geschaffen, die einen und die anderen Geschöpfe, die spirituellen wie die körperlichen, das heißt die Engel und die irdische Welt; dann die menschliche Kreatur, die beide Eigenschaften besitzt, da sie aus Geist und Körper besteht«.* Demnach wären also die Engel zur selben Zeit wie das Universum, jedoch noch vor dem Menschen erschaffen worden.

Das ist ja ganz nett, aber ziemlich ungenau: Da der Mensch am sechsten Tage erschaffen wurde, müssen die Engel zwischen dem ersten und dem fünften Tag erschienen sein. Aber an welchem? Für jeden Schöpfungstag findet man sowohl Fürsprecher als auch Gegner.

---

* *[Unum universorum principium: creator omnium visibilium, spiritualium et corporalium, qui sua omnipotenti virtute] simul ab initio temporum utramque de nihilo condicit creaturam, spiritualem et corporalem, angelicam videlicet et mundam; ac deinde humanam, quasi communem ex spiritu et corpore constituam.*

Der erste Tag, Sonntag

Gott erschafft den Himmel, die Erde und das Licht

Pro: Kosmas von Syrien (550 n. Chr.). Die Engel seien am ersten Tag erschaffen worden, ganz am Anfang, zugleich mit dem Himmel und der Erde. In der Dunkelheit fragten sie sich erstaunt nach ihrem Ursprung, bis Gott das Licht erschuf. Sie wurden erleuchtet, erkannten Gott und beteten ihn an.

Pro, aber später am Tag: Augustinus. »Denn als Gott sprach: ›Es werde Licht‹, und es ward Licht, sind die Engel, falls mit Recht bei diesem Licht an ihre Erschaffung zu denken ist, unfraglich des ewigen Lichts teilhaftig geworden, nämlich der unwandelbaren Weisheit Gottes, durch welche alles geschaffen ward [...].«

Contra: Rabbi Luliani bar Tabri. »Nichts Engelhaftes wurde am ersten Tag erschaffen. Denn es steht geschrieben: ›Ich bin der Herr, der alles bewirkt, der ganz allein den Himmel ausgespannt hat, der die Erde gegründet hat aus eigener Kraft [...].‹«

Wenn die Engel bereits existiert hätten, hätten sie Gott unter die Arme greifen können – eine Vorstellung, die sehr schädlich für den Monotheismus gewesen wäre. Aus diesem Grund verficht das Judentum im Allgemeinen die These, die Engel seien nicht am ersten Tag erschaffen worden.

Aurelius Augustinus,
Vom Gottesstaat
(De civitate dei)
(Buch XI, 9)

Jesaja (44, 24)

Der zweite Tag, Montag

Der Himmel scheidet Wasser von Wasser

Pro: Rabbi Jochanan (3. Jahrhundert). »Die Engel wurden am zweiten Tag erschaffen. Denn so steht es geschrieben: ›Du verankerst die Balken deiner Wohnung im Wasser.‹ Und es steht auch geschrieben: ›Du machst dir die Winde zu Boten [...]‹«

Pro: Rabbi Elieser, der sich auf denselben Vers stützt und ihn folgendermaßen auslegt: »Am zweiten Tag schuf der Heilige, er sei gesegnet, das Firmament, die Engel, das Feuer der Wesen aus Fleisch und Blut sowie das Feuer des Gehinnom. Die Engel wurden am zweiten Tag erschaffen; wenn sie als Boten Seines Wortes geschickt werden, verwan-

Psalmen (104, 3–4)

deln sie sich in Winde, und wenn sie Seiner Gegenwart dienen, verwandeln sie sich in Feuer, wie es geschrieben steht: ›Du machst dir die Winde zu Boten und lodernde Feuer zu deinen Dienern.‹« Psalmen (104, 4)

Pro: Petrus Comestor (»Peter der Esser«), der in seiner *Historia Scholastica* einen anderen Grund anführt. »Obwohl das Werk des zweiten Tages genauso gut war wie die anderen, liest man darüber dennoch nicht: ›Und Gott sah, dass es gut war.‹ In der Tat berichten die Hebräer, dass an diesem Tag der Engel gemacht wurde, der der Teufel ist, Satanael, das heißt Luzifer. Die Christen, deren Sitte es ist, die Messe der Engel am Montag zu singen, dem zweiten Tag, als Lobpreis der treuen Engel, scheinen ihnen Recht zu geben. Doch die Heiligen berichten, dass das Fehlen eines Lobes des zweiten Tages als Zeichen gemeint war: Die Zahl 2 hat einen schlechten Ruf in der Theologie, weil sie die Erste ist, die sich von der Einheit abspaltet. Da Gott jedoch Einheit ist, verabscheut er die Trennung und die Zwietracht. Deshalb wird das Werk des zweiten Tages erst am dritten Tag gepriesen, der als seine Vollendung gilt.« Sprichwörter (6, 19)

Der dritte Tag, Dienstag

Die Erde ergrünt, die Bäume wachsen

Contra: Eine muslimische Überlieferung besagt, dass der Tag, an dem Gott alles Abscheuliche schuf, der Dienstag war. Also können an diesem Tag nicht die Engel gemacht worden sein, die per definitionem ohne Fehl und Tadel sind.*

Ansonsten spricht sich niemand für den dritten Tag aus.

Der vierte Tag, Mittwoch

Die Sterne

Pro: Die muslimische Überlieferung. »Gott erschuf die Engel am Mittwoch, die Dschinns am Donnerstag und Adam am Freitag.«

---

* Der Islam betrachtet Satan im Allgemeinen nicht als Engel. (s. Kapitel IV)

Wann wurden die Engel erschaffen? 43

Der fünfte Tag, Donnerstag

Die Fische und die Vögel

Pro: Rabbi Hananiah (3. Jahrhundert). »Die Engel wurden am fünften Tag erschaffen, denn es steht geschrieben: ›Das geflügelte Volk fliegt über der Erde am Firmament des Himmels. Und es steht geschrieben (über die Serafim): ›Mit zwei Flügeln flogen sie.‹«[*]

Da die Engel Flügel haben, wurden sie gleichzeitig mit den Vögeln geschaffen.

Wer weiß?

Am sechsten Tag, dem Freitag, wurden die Tiere und der Mensch er-

schaffen und »am siebten Tag ruhte Er und atmete auf«, außer bei den Muslimen, bei denen Er kein bisschen erschöpft ist.

Im Koran existiert keine Beschreibung von der Erschaffung der Welt an mehreren aufeinanderfolgenden Tagen, obwohl sie implizit vorausgesetzt wird: »Siehe, Allah ist euer Herr, der erschaffen hat die Himmel und die Erde in sechs Tagen. Alsdann setzte er sich auf den Thron, um den Befehl zu führen.« Doch sicher ist, dass Allah sich niemals ausruht. Deshalb gilt im Islam der Freitag, der Tag der Erschaffung des Menschen, als Ruhetag und nicht der Samstag, wie bei den Juden. Indem der *Sabbat*, hebräisch *Schabbat*, der siebte Tag der Woche und der Schöpfung, als Ruhetag beachtet wird, heiligt man das Ruhen Gottes nach der Erschaffung der Welt, wie es das dritte Gebot vorschreibt. Die Christen hingegen haben ihren Sabbat auf den Sonntag verschoben, den Tag der Wiederauferstehung Christi, der Schöpfung der Welt und der »Re-Kreation« der Menschheit.

Heutzutage ist es allgemein üblich, die Schöpfungsgeschichte als hübsches Märchen abzutun, das dazu missbraucht wurde, unsere naturwissenschaftlich ungebildeten Vorfahren auszunutzen. Doch dies ist nicht ganz richtig. Wenn man die Kommentare aus früherer Zeit liest, wird man sich bewusst, dass die entsprechenden Bibeltexte nie hundert Prozent wörtlich genommen, sondern als Ausdruck eines Mysteriums be-

Exodus (31, 17)

Koran (10, 3)

---

[*] Jesaja (6, 2): »Serafim standen über ihm. Jeder hatte sechs Flügel: Mit zwei Flügeln bedeckten sie ihr Gesicht, mit zwei bedeckten sie ihre Füße, und mit zwei flogen sie.«

trachtet wurden. Die Fundamentalisten und andere »Kreationisten« unter unseren Zeitgenossen wären in den Augen der damaligen Menschen nichts als Idioten oder Ignoranten gewesen. Im 1. Jahrhundert n. Chr. »erklärte [Philon von Alexandrien] die Genesis ungefähr so, wie die Stoiker den Homer erklärten. Für die Letzteren waren die Ilias und die Odyssee tiefe Allegorien, hinter denen sich die scharfsinnigste Philosophie verbarg.« Als später Augustinus (der die Ansicht vertrat, dass »der Buchstabe tötet, der Geist ist's, der lebendig macht«) sagt, dass die Engel am ersten Tag erschaffen wurden, erklärt er dazu Folgendes: »Wenn also die Engel zu den Gotteswerken jener Tage gehören, dann sind sie das Licht, das den Namen Tag empfing, dessen Einmaligkeit dadurch hervorgehoben wird, dass er nicht der erste Tag heißt, sondern ›der eine‹. So ist denn der zweite Tag nicht etwa ein anderer, oder der dritte und die übrigen, sondern jener eine wurde, um die Sechs- oder Siebenzahl voll zu machen, wiederholt, um der siebenmaligen Erkenntnis willen, nämlich der sechsmaligen der Werke Gottes und einer siebten der Ruhe Gottes.«

Quelle: Emile Mâle, *Die kirchliche Kunst des XIII. Jahrhunderts in Frankreich* (IV. Buch, 1. Kapitel)

Ambrosius, zitiert von Augustinus in Bekenntnisse (VI, Kap. 4)

Aurelius Augustinus, *Vom Gottesstaat (De civitate dei)* (Buch XI, 6)

Koran (22, 47)

Im Koran heißt es in einigen Versen, für Gott dauere ein Tag tausend Jahre lang, woraus die Ismaeliten schließen, dass man die Schöpfung als Abfolge von sechs Phasen oder Zyklen betrachten müsse. Andere meinen, es sei eine bildhafte Darstellung, um dem Menschen besonders komplexe Abstraktionen verständlich zu machen, deren Ausgangspunkt die Zahl 6 darstellt, die zugleich Summe und Produkt der drei ersten ist:
$(1 + 2 + 3) = (1 \times 2 \times 3) = 6$.

Noch erstaunlicher ist, dass es sogar eine frühe evolutionistische rabbinische Überlieferung gibt, die die Herkunft der bösen Geister erklärt. Sie sollen von der männlichen Hyäne abstammen, durchlaufen aber zunächst mehrere Zwischenstadien: »Eine männliche Hyäne wird nach sieben Jahren zu einer Art Fledermaus; die Fledermaus wird nach sieben Jahren zum Vampir; der Vampir wird nach sieben Jahren zu einer Art Chamäleon; dieses Chamäleon wird nach sieben Jahren zu einer Art Dornschlange; diese Dornschlange wird nach sieben Jahren zu einer Art Schrat.« Und das mindestens fünfzehn Jahrhunderte vor Darwin!

Talmud, Bawa Kamma (16 a)

Wie dem auch sei: In allen drei Religionen wird der Engel als spirituelles Wesen betrachtet, das bereits vor dem Menschen erschien, weshalb die Engel gelegentlich auch als »ältere Brüder« bezeichnet werden.

Wie bitte? Was?

Sprechen Engel? Und wenn ja, in welcher Sprache?

In diesem Punkt glauben alle, sie seien der Nabel der Welt. Die Muslime glauben, dass die Engel Arabisch sprechen, und zwar aufgrund eines von Al Tabarni berichteten Ausspruchs des Propheten Mohammed: »Liebt die Araber aus drei Gründen: weil ich Araber bin, weil die Sprache des Koran das Arabische ist und weil die Bewohner des Paradieses Arabisch sprechen.« Wobei man hinzufügen muss, dass die Engel im Islam nicht nur Arabisch sprechen, sondern auch schreiben, da dies zu ihren zahlreichen himmlischen Aufgaben gehört.

Die Juden und die ersten Christen, darunter Paulus, glaubten, die Engel sprächen Hebräisch, ebenso wie sie selbst – außer dem Engel Gabriel, der siebzig Sprachen beherrscht. Die Zahl 70 symbolisiert in der Bibel die »Völker«, das heißt die nicht-jüdischen Heiden. Gabriel ist also in perfekter Weise polyglott; aber er stellt eine Ausnahme dar.

Eine einigermaßen plausible Erklärung bietet hingegen eine jüdische Überlieferung, die nach dem Aufkommen des Christentums entstand. Sie berichtet wie folgt über den Turmbau zu Babel: »Der Heilige, er sei gesegnet, rief die siebzig Engel, die den Thron seiner Herrlichkeit umgeben, und sagte zu ihnen: ›Auf, lasst uns hinuntergehen und die siebzig Völker und die siebzig Sprachen verwirren.‹ Er wies jedem Volk einen Engel zu, doch Israel war seine Aufgabe und sein Anteil.« So erhielt jedes Volk durch die Lehren eines Engels seine eigene Schrift und Sprache; das Volk Israel jedoch bewahrte das ursprüngliche Hebräisch.

Chapitres de Rabbi Eliézer (chapitre 24)

Dies würde erklären, warum jeder Mensch die Engel in seiner eigenen Sprache reden hört. Wenn dem nicht so wäre und der Erzengel Michael beispielsweise auf Hebräisch zu Johanna von Orléans gesprochen hätte, die noch nicht einmal Französisch lesen und schreiben konnte, würde sich der Hundertjährige Krieg wohl noch bis heute hinziehen.

In Bezug auf die Frage nach dem Sprechen der Engel stellte der heilige Thomas von Aquin fest, dass sie auf jeden Fall durch eine Art Gedankenübertragung miteinander kommunizieren können. An den Menschen können Engel folgendermaßen »tätig werden«: »Da es zu Gottes Bereich gehört, den Willen zu geben, so steht es bei ihm auch eigentümlich, ihn wirksam zu ändern; die Engel aber können es bloß auf dem Wege der Zurede oder der Erregung von Gemütsbewegungen.

[…] Ein Engel hat die Möglichkeit einer Veränderung im Sinnenleben des Menschen entweder, indem er dem Gesinn von draußen her etwas Sinnfälliges entgegenhält, oder indem er drinnen die Säfte zu mannigfaltigen Sinneserscheinungen erregt.« Alles klar?

Thomas von Aquin,
Summe der Theologie
(Bd. I, 107. Untersuchung
u. II. Untersuchung,
2. u. 4. Feststellung)

Was? oder Das Brot der Engel

Essen Engel? Und wenn ja, was? Gibt es im Himmel etwas zu beißen?

Zugegeben, diese Frage klingt nicht besonders niveauvoll, aber sie stellt sich trotz allem. Denn auch zu diesem Thema finden sich in den heiligen Schriften verstreut Textstellen, aus denen sich hübsche Theorien basteln lassen.

Als nämlich Mose mit dem jüdischen Volk durch die Wüste zog, begannen die Leute anderthalb Monate nach ihrem Aufbruch aus Ägypten zu lamentieren, sie würden vor Hunger sterben müssen. »Da sprach der Herr zu Mose: Ich will euch Brot vom Himmel regnen lassen.« Am nächsten Tag, »als sich die Tauschicht gehoben hatte, lag auf dem Wüstenboden etwas Feines, Knuspriges, fein wie Reif, auf der Erde. Als das die Israeliten sahen, sagten sie zueinander: Was ist das? […] Das Haus Israel nannte das Brot Manna. Es war weiß wie Koriandersamen und schmeckte wie Honigkuchen.«

Exodus (16, 4).
Der Koran (2, 57)
berichtet ebenfalls
darüber.

Exodus (16, 14 – 15, 31)

Auf Hebräisch bedeutet *Man hu* »Was ist das?« oder »Woher kommt das?« Die Israeliten ernährten sich bis zu ihrer Ankunft im Land Kanaan von diesem »Wunderbrot« oder »Brot vom Himmel«, wie das Manna auch in einem Psalm genannt wird, der sich auf diese Episode bezieht.

Psalmen (78, 24 – 25)

Handelt es sich bei diesem »Brot vom Himmel« vielleicht um die Speise der Engel?

Dieser Meinung war zum Beispiel Rabbi Akiba, der im 2. Jahrhundert lebte. Doch er wurde schnell von Rabbi Jischmael in seine Schranken verwiesen, der erwiderte, dass Engel kein Brot äßen, da schließlich auch Mose während der vierzig Tage, die er auf dem Berg Sinai bei Gott verbrachte, weder gegessen noch getrunken habe.

In der Gegenwart Gottes verspüre man weder Hunger noch Durst.

Und da die Engel sich in der Gegenwart Gottes aufhielten, äßen sie nicht.

Schon lange vor dem Aufkommen des Positivismus fingen die Gläubigen jedoch von sich aus damit an, nach einer natürlichen Erklärung für das Wunder des Brotes, das vom Himmel fiel, zu suchen. Schon im 3. Jahrhundert erklärten die Mönche des auf der Sinai-Halbinsel gelegenen Katharinenklosters, Manna entstehe in der Tat durch einen natürlichen Vorgang: Bestimmte Raupen stechen in Tamarisken*, um deren Saft auszusaugen. Dabei produzieren sie eine Art Honig, der von den Zweigen hinabtropft und sich während der kalten Bergnächte im Süden der Negev-Wüste verfestigt. In regenreichen Jahren sammeln die Beduinen diesen kohlehydratreichen Honigersatz, den sie ebenfalls *mann*** nennen, um ihn zu essen.

Na und? Für die guten Mönche war das noch lange kein Grund, enttäuscht ihre Kutten aus grobem, braunem Wollstoff auszuziehen und in die Dornenbüsche zu werfen! Schon damals besaßen die Texte, *bis repetita*, in ihren Augen mehrere Bedeutungsebenen, von denen der wörtliche Sinn das niedrigste Niveau darstellt.

Doch zurück zu den Engeln und ihrer Brotzeit. Zwar ist nirgends explizit die Rede davon, dass die Engel Manna essen, doch der Überlieferung zufolge sollen sie die himmlischen Bäcker sein, die es herstellen. Aus zwei Gründen wird es auch »Engelsbrot« genannt, nämlich zum einen, weil sie es zubereiten und zum anderen, weil die Menschen, die davon essen, genauso stark werden wie sie. Wer davon gegessen und es verdaut hat, braucht auch nicht aufs stille Örtchen zu verschwinden, was in der Wüste äußerst praktisch ist: »Wie die Engel benutzen auch sie ihren After nicht.«

Exodus Rabba (25, 3),
ein rabbinischer
Midrasch zum Buch
Exodus

Talmud,
Sanhedrin (59 b)

Zu Anbeginn der Zeiten waren die Engel neben ihrer Funktion als Bäcker auch als Köche und Mundschenke tätig, denn es heißt, »der erste Mensch [Adam] saß zu Tisch im Garten Eden, und die Dienstengel brieten für ihn Fleisch und seihten für ihn Wein«. Und auch als wesentlich später der heilige Diego von Alcántara, ein armer Franziskanerpater, just zu dem Zeitpunkt in Extase geriet, als er gerade das Essen für seine Mitbrüder zubereiten sollte, kamen ihm liebenswürdigerweise Engel zu Hilfe und übernahmen seine Aufgabe. Wer daran zweifelt, sollte sich einmal in den Louvre begeben, wo man das Bild von Murillo mit

---

*   Daher ihr wissenschaftlicher Name *tamarix mannifera*.

** *mann* bedeutet im Arabischen »Geschenk«. Quelle: Julius H. Schoeps, *Neues Lexikon des Judentums*

dem Titel *Die Küche der Engel* besichtigen kann, auf dem dieses Wunder abgebildet ist.

Bei dem Mahl, das von der Weisheit (Gottes) selbst zubereitet wird, werden übrigens Brot und Wein aufgetischt. Für die Juden »ist das Brot das geschriebene Gesetz und der Wein das mündliche; beide enthalten wertvollere Dinge als alle delikaten Gerichte der Welt«.

Sprichwörter (9, 5)

Der Sohar (auch Sefer ha-Sohar) (3, 271 b)

Als Jesus auf die Bitte seiner Zuhörer um mehr Himmelsbrot erwidert: »Ich bin das Brot des Lebens; wer zu mir kommt, wird nie mehr hungern, und wer an mich glaubt, wird nie mehr Durst haben«, bezeichnet er sich damit als lebendes und nährendes Wort Gottes, als »das lebendige Brot, das vom Himmel herabgekommen ist«. Daher nennen Katholiken und Orthodoxe die Hostie, die bei der Eucharistie den Leib Jesu Christi in Form von Brot darstellt, auch das »wahre Brot der Engel«.

Johannes (6, 35)

Johannes (6, 52)

Die Engel selbst mögen zwar backen, essen aber nicht. Dadurch haben sie ein handfestes Diätproblem, wenn sie sich in menschlicher Gestalt inkognito auf die Erde begeben, um irgendeine geheime göttliche Mission zu erfüllen. Das musste zum Beispiel der Engel Gottes erfahren, der die unfruchtbare Ehefrau des Manoach besuchte, um ihr mitzuteilen, dass sie einen Sohn mit »dichtem Schopf« gebären würde, den späteren Samson. Bei seinem zweiten Besuch behandelten ihn die Menschen, wie es bei höflichen Leuten so Sitte ist. »Manoach sagte zum Engel des Herrn:

Wir möchten dich gern einladen und dir ein Ziegenböckchen zubereiten.

Aber der Engel des Herrn sagte zu Manoach:

Auch wenn du mich einlädst, werde ich von deinem Mahl nichts essen. Wenn du aber ein Brandopfer herrichten willst, bring es dem Herrn dar!«

Richter (13, 15−16)

Dann stieg der Engel ganz einfach in der Flamme des Altars mit empor.

Ein solcher Abgang nach einer brutalen Opferszene kann einem doch wahrhaftig den Appetit verschlagen! Auch der Engel des Herrn, der einige Zeit zuvor Gideon besuchte, hatte mit der Spitze seines Stabes das Opfer aus Brot und Fleisch in Brand gesteckt, das Gideon vorbereitet hatte. Die Engel bestehen aus Feuer, und Feuer wiederum frisst Feuer. Dazu heißt es in einer Beschreibung des heiligen Justin (eines Zeitgenossen Rabbi Akibas): »Die Engel haben keine Zähne oder Kiefer wie wir; sie absorbieren die Nahrungsmittel, indem sie sie verschlingen wie das Feuer den Brennstoff ... «

Doch an einer Stelle wird in der Bibel tatsächlich ein Engelsmahl beschrieben, das Berühmtheit erlangte und den Kommentatoren manches Kopfzerbrechen bereitete. Es handelt sich dabei um das Mahl, das Abraham den drei Boten des Herrn kredenzte, die ihn bei den Eichen von Mamre aufsuchten. »Dann nahm Abraham Butter, Milch und das Kalb, das er hatte zubereiten lassen, und setzte es ihnen vor. Er wartete ihnen unter dem Baum auf, während sie aßen.« So steht es geschrieben. Nun ist es aber schlichtweg unmöglich, dass sie so etwas wirklich getan haben sollten, und zwar erstens, weil ein Engel nicht isst und zweitens, weil diese Art von Mahlzeit, bei der ein Kalb und die Milch seiner Mutter zusammen aufgetragen wurden, auch damals nicht koscher war. Diese Speisevorschrift wurde Mose zwar erst zu einem späteren Zeitpunkt überbracht, doch sie bestand durchaus schon vorher. In der jüdischen Glaubenstradition geht man davon aus, dass bereits die Patriarchen sie beachteten – und erst recht die Engel.

Genesis (18, 8)

Andererseits ist es ebenfalls unmöglich, dass der Text lügt, und deshalb gibt es nur eine Erklärung: Entweder bezieht sich das »sie aßen« auf Abraham und seine Familie ohne die Engel, oder aber die Engel taten nur so, als äßen sie. In der überwiegenden Mehrzahl haben sich die Exegeten für die zweite Lösung entschieden, wobei sie sich auf ein späteres Beispiel stützen, nämlich das des Engels Rafael im Buch Tobit, der Folgendes zugibt: »Während der ganzen Zeit, in der ihr mich gesehen habt, habe ich nichts gegessen und getrunken; ihr habt nur eine Erscheinung gesehen.« Schon lange bevor der heilige Ambrosius das Prinzip empfahl: »Wenn du in Rom bist, mach es wie die Römer«, verhielten sich also auch die Engel genau wie Menschen, wenn sie im Laufe einer Mission auf der Erde menschliche Gestalt annahmen. Philon von Alexandrien zufolge ist ihre Handlungsweise sowohl symbolischer Natur als auch ein Akt der Höflichkeit. Thomas von Aquin bezeichnet ihr Verhalten als »spirituelles Speisen«.

Tobit (12, 19)

Im Koran wurde die Frage dieses problematischen Engelsmahls auf ganz pragmatische Weise gelöst: Abraham setzt den Engeln ein gebratenes Kalb ohne Butter und Milch vor, also ein koscheres Menü, doch »da er sah, dass sie nicht ihre Hände daran legten, schöpfte er Verdacht wider sie und fürchtete sich vor ihnen«. Gerade die Tatsache, dass sie nicht essen, ist für Abraham nämlich das Zeichen dafür, dass seine Gäste Engel

Koran (11, 69–70)

sind. Doch sie beruhigen ihn unverzüglich: »Sie sprachen: ›Fürchte dich nicht, siehe, wir sind zum Volke Lots entsandt.‹« Im Klartext: Sie waren unterwegs nach Sodom, wo man guten Grund dazu hatte, sich zu ängstigen.

Die Engel im Himmel essen nicht, ernähren sich aber dennoch. Nach dem Vorbild Rabbi Isaaks zitieren die Rabbiner folgenden Psalm: »Du machst dir [...] lodernde Feuer zu deinen Dienern.« Dieses Engels- Psalmen (104, 4) feuer wird vom strahlenden Glanz Gottes genährt, über den geschrieben steht: »Im Lichte des Angesichts des Herrn ist das Leben.«

Doch nicht alle Engel sind Gott so nah. Sie wohnen keineswegs alle auf derselben Etage. Von denen, die in der Nähe des Erdgeschosses leben, heißt es, ihre Nahrung bestehe in der Tora* sowie in guten Werken, die in der unteren Welt vollbracht werden. Das bedeutet, dass diese Engel keine Nahrung mehr hätten, wenn die Kinder Israels aufhörten, das Wort Gottes zu studieren und gute Werke zu vollbringen.

Der Sefer ha-Sohar** weiß in der Tat vom seltsamen Leben »blinkender« Engel zu berichten, die sich abwechselnd materialisieren und wieder verschwinden. Sie gehören zur zweiten Ebene, stehen also nicht besonders hoch (insgesamt gibt es dort oben sieben Ebenen). Ferner heißt es über diese Engel, die damit beauftragt sind, gegen die bösen Neigungen der Menschen zu kämpfen: »Sie ernähren sich vom Geruch und dem Duft von dort unten, um weiter in den Himmel aufzusteigen und stärker zu leuchten. Sie stimmen einen Lobgesang an, müssen ihn dann aber unterbrechen, um sich wieder in Marsch zu setzen, wobei sie unsichtbar bleiben, bis die Kinder Israels ihrerseits einen Lobgesang anstimmen, der ihnen wieder Konsistenz verleiht und ihnen erlaubt, sich zu manifestieren und noch heller zu strahlen. Wenn die Kinder Israels die Tora studieren, fliegen sie empor, um dies im Himmel zu melden.« Durch das Gebet der Menschen werden ihre Batterien wieder aufgeladen!

Die Muslime glauben, ihre Gebete seien die Nahrung der Engel. »Das Preisen ist ihre Nahrung, das Heiligen ihr Getränk, das Ihn-Anrufen mit seinen prächtigen Namen und seinen Attributen ihre Lieblingsbeschäf-

---

* Oder auch »Pentateuch«: die fünf ersten Bücher der Bibel, die Mose zugeschrieben werden.

** Der Sohar (auch Sefer ha-Sohar oder *Buch des Glanzes*, eines der bedeutendsten Werke der Kabbala, der jüdischen Mystik; es stammt aus dem 13. Jahrhundert).

tigung, das Ihn-Anbeten ihre Freude.«, sagt Al Quazwînî. Diese Engelsspeisen haben sogar eigene Namen: »Das *Tesbih* (Gotteslob) und das *Takdiss* (Ruhm der Heiligkeit Gottes) bilden die Nahrung der Engel.«

Nun klingt eine Anekdote aus dem 18. Jahrhundert für uns ein wenig verständlicher: Dem schwedischen Lutheraner Swedenborg erschien nach einem guten Essen ein strahlender Engel, und das Erste, was er zu ihm sagte, war: »Iss nicht so viel!«

Wie viele Engel gibt es?

Auch im Hinblick auf diese Frage hegt man vergeblich die Hoffnung, in der Bibel eine präzise Antwort zu finden.

Den ältesten Talmudtexten zufolge ist die Zahl der Engel unendlich. Jede Engelslegion besteht aus tausendmal tausend Engeln, also einer Million, wobei man jedoch nicht weiß, wie viele Legionen es insgesamt gibt. An einer Stelle heißt es jedenfalls konkret, auf dem Berg Sinai sei Gott in Begleitung von 22 000 Engelslegionen erschienen.

Anstatt eine exakte Zahl zu nennen, wird oft der Ausdruck »Myriaden« gebraucht, der auf Griechisch zehntausend bedeutet, in erster Linie aber eine unzählbare Menge symbolisiert. »Die Wagen Gottes sind zahlPsalmen (68, 18) los, tausendmal tausend«, heißt es in den Psalmen. »Tausendmal TauDaniel (7, 10) sende dienten ihm, zehntausendmal Zehntausende standen vor ihm«, berichtet Daniel. »Die Zahl der Engel war zehntausendmal zehntausend Offenbarung (5, 11) und tausendmal tausend«, liest man in der Offenbarung des Johannes.

Doch wie viele sind es insgesamt? 496 000 Myriaden, meinen manche Kommentatoren, 499 000 behaupten andere, was im Durchschnitt eine Engelspopulation von um die fünf Milliarden Einzelwesen ergäbe. Die Zahl, die die Kabbalisten im 14. Jahrhundert anführten (301 655 722), bezieht sich offenbar nur auf die Engel, die zur Erde hinabkommen, also eine winzige Minderheit der himmlischen Heerscharen. Außerdem darf man sie lediglich als vorläufige, von der heutigen Anzahl weit übertroffene Schätzung betrachten, da in der jüdischen Vorstellungswelt die Schöpfung noch nicht beendet ist und Gott weiterhin jeden Tag neue Engel erschaffen kann, wenn es ihm beliebt. Und das tut Er, damit sie für ihn singen: »Jeden Tag erschafft der Hochheilige eine Klasse von

Engeln, die vor ihm einen Lobpreis rezitieren und dann wieder ver- Midrasch
Bereschith Rabba (78)
schwinden.«

Aber wie soll man exakte Berechnungen über die Zahl der Engel anstellen? Die Juden tun es mit Hilfe eines Spiels der Ziffern und Buchstaben: Jedem einzelnen der zweiundzwanzig Buchstaben des hebräischen Alphabets ist ein Zahlenwert zugeordnet: Die ersten neun Buchstaben entsprechen den Zahlen 1 bis 9, die neun folgenden den Zehnerwerten 10 bis 90 und die vier letzten zählen 100, 200, 300 und 400. Dann braucht man nur noch eine entsprechend eindeutige Textstelle zu finden. Zum Beispiel kann man anhand einer Passage in einem Loblied Davids die Größe Gottes feststellen. Aus den Worten: »Groß ist der Herr und hoch zu loben«, kann man ableiten, dass die Größe Psalmen (145, 3) des Herrn gleich dem numerischen Wert von »hoch zu loben«, auf Hebräisch *verav koah*, sei, was 236 000 Parasangen* ergibt. Wenn man eine Parasange auf fünf Kilometer rundet, was in etwa ihrer Länge entspricht, wäre Gott demnach 1 180 000 Kilometer groß.

Es geht jedoch noch größer: Pflichteifrig fügen die Kommentatoren hinzu, das Maß einer göttlichen Parasange betrage drei Meilen, eine Meile wiederum zehntausend Meter, ein Meter sei drei Spannen lang, und eine göttliche Spanne enthalte die ganze Welt, da »Er die Welt mit einer Spanne gemessen hat ...« Kurz gesagt, geht es bei diesen Rechenoperationen im Grunde weniger darum, Gott tatsächlich zu vermessen (ein unmögliches Unterfangen), als sich bei dem Versuch, eine Vorstellung von Seinem schwindelerregend weiten Universum zu gewinnen, schwindelig zu rechnen. Schließlich heißt es in der Bibel, und zwar im gleichen Psalm Davids wie oben: »... seine Größe ist unerforschlich.«

Die Christen betrachten die Schöpfung am Ende des sechsten Tages als abgeschlossen. Daher ist für sie die Anzahl der Engel zwar einerseits begrenzt, andererseits aber ebenso unvorstellbar groß wie für die Juden. Der heilige Cyrill von Jerusalem erklärt, dass eine Möglichkeit, die Anzahl von Wesen zu bestimmen, darin bestünde, den Raum zugrunde zu legen, den diese Wesen einnähmen. Nun, so sagt Cyrill, sei die Erde ein Staubkorn verglichen mit der immensen Himmelssphäre, die sie von allen Seiten umschließt. Geht man dann davon aus, dass die Himmel mit Engeln gefüllt sind, kommt man nicht umhin, zuzugeben, dass eine

---

* Wegemaß des Alten Orients: 1 Parasange = 10 800 Ammat (Ellen) = 5 670 m (babylonisch-assyrisch); 1 Parasange = 30 Stadia = 4 725 m (griechisch)

unberechenbare Menge von ihnen existieren muss – und zwar umso mehr, als sich hinter den Himmeln die Himmel der Himmel befinden, die ebenfalls von Engeln bevölkert sind. Cyrill kommt zu dem Schluss, die Anzahl der Engel übersteige jegliche Vorstellungskraft.

Der heilige Hilarius und der heilige Ambrosius finden ihrerseits einen numerischen Hinweis in dem berühmten Gleichnis vom verlorenen Schaf:

»Wenn einer von euch hundert Schafe hat und eines davon verliert, lässt er dann nicht die neunundneunzig in der Steppe zurück und geht dem verlorenen nach, bis er es findet? Und wenn er es gefunden hat, nimmt er es voll Freude auf die Schultern, und wenn er nach Hause kommt, ruft er seine Freunde und Nachbarn zusammen und sagt zu ihnen: Freut euch mit mir; ich habe mein Schaf wiedergefunden, das verloren war. Ich sage euch: Ebenso wird auch im Himmel mehr Freude herrschen über einen einzigen Sünder, der umkehrt, als über neunundneunzig Gerechte, die es nicht nötig haben umzukehren.«

Lukas (15, 4–7)

Für Hilarius und Ambrosius stellen die Engel die neunundneunzig getreuen und die menschliche Rasse das verlorene Schaf dar. Die Engel wären damit also neunundneunzigmal zahlreicher als die Menschen – neunundneunzigmal zahlreicher als alle Menschen, die je auf der Erde geboren wurden, die leben und die in Zukunft noch geboren werden. Nicht gerade eine einfache Kalkulation …

Die Christen können die Zahl der Engel außerdem anhand der Menge der Teufel berechnen, die sie als gefallene Engel betrachten. Aus der Offenbarung wissen sie, dass der Anteil der gefallenen Engel ein Drittel beträgt.* Nun war es die Aufgabe der Dämonologen, die Teufel zu zählen. Teufelskundler gab es nicht, wie häufig angenommen, nur im Mittelalter, sondern auch noch zu Beginn der Renaissance, einer heißen Phase der Hexenverbrennungen. Jean Wier, der Arzt des Herzogs von Burgund, erfasste beispielsweise 7 459 126 Teufel. Im 15. Jahrhundert kam der Kardinal von Tusculum auf eine Zahl von 133 306 668, die man logischerweise verdoppeln musste, um die Anzahl der Engel zu bestim-

---

* »Ein anderes Zeichen erschien am Himmel: ein Drache, groß und feuerrot, mit sieben Köpfen und zehn Hörnern und sieben Diademen auf seinen Köpfen. Sein Schwanz fegte ein Drittel der Sterne vom Himmel und warf sie auf die Erde herab.« Offenbarung (12, 4) In diesem Text wird der Teufel als Drache dargestellt, während mit den Sternen die Engel gemeint sind.

men: 266 613 336. Innerhalb eines Jahrhunderts weisen die christlichen Berechnungen also im Vergleich mit denen der Juden der Kabbala ein Defizit von 35 042 386 Engeln auf. Wo mögen sie nur hingeflogen sein?

Doch auch in diesem Fall muss man sich klar machen, dass die Zahlenwerte in den Texten eine symbolische Bedeutung besitzen und die so genannten weisen Berechnungen auf nichts anderes abzielen, als Schwindelgefühle zu erzeugen. Ihre bildliche Präzision soll die Phantasie zu dem Versuch anregen, sich das Unvorstellbare vorzustellen.

Im Gegensatz dazu treten die Engel im Koran häufig in Gruppen von Tausenden auf: »Als ihr zu eurem Herrn um Hilfe schriet, und er euch antwortete: ›Siehe, Ich helfe euch mit tausend Engeln …‹«, »Genügt es euch denn nicht, dass euer Herr euch mit dreitausend herniedergesendeten Engeln hilft?«, »Ja, wenn ihr standhaft und gottesfürchtig seid […], wird euer Herr euch helfen mit fünftausend gezeichneten Engeln.« Damit wird zu verstehen gegeben, dass die Zahl der Engel sehr groß, aber unbestimmt ist. »Um einen Eindruck von ihrer Zahl zu vermitteln, muss man sich Folgendes vorstellen: Im Himmel gibt es eine Moschee, in die seit der Erschaffung des Universums jeden Tag 70 000 Engel kommen, um ihren Gottesdienst abzuhalten. Die Engel kommen aber nur dieses eine Mal und dann nie wieder; jeden Tag begeben sich 70 000 neue Engel zum Gottesdienst in diese Moschee.« Und das seit wie vielen Jahren seit dem Big Bang, multipliziert mit 365, multipliziert mit 70 000? Das geht über jeden Verstand. Eigentlich genügt es zu wissen, dass es heißt, 60 000 Engel würden sich über einem Menschen zum Gebet versammeln, der die Lektüre des Korans komplett beendet habe. Das ist doch schon mal gar nicht schlecht.

Kurzum, alle sind sich einig: »Und zu Hütern des Feuers setzten Wir allein Engel, und Wir machten ihre Anzahl nur zu einer Versuchung für die Ungläubigen, auf dass die, denen die Schrift gegeben, gewiss wären (in betreff der Wahrheit des Korans) und die Gläubigen zunähmen an Glauben.«

Koran (8, 9; 3, 124; 3, 125)

Quelle: Muhammad Amidullah, *Les Notions islamiques sur l'ange*

Koran (74, 31)

Warum so viele Engel?

Dionysios Areopagita,
*Die Hierarchien der Engel
und der Kirche* (XIV, 1)

Dionysios Areopagita sagt über die Zahl der Engel: »In menschliche Begriffe nicht zu fassen ist also die Menge, sind also die Heere der überweltlichen Geister; sie übersteigen den mäßigen und beschränkten Umfang unserer sachlichen Zahlen, die Fülle ihrer Scharen ist bloß ihnen selbst bekannt, nur ihre eigene himmlische Erkenntnis kann sie durch überweltliches Wissen geistig bestimmen.« Und das Schlusswort wollen wir noch ein letztes Mal dem heiligen Thomas von Aquin, dem *»doctor angelicus«* überlassen: »Bezüglich ihrer Zahl hat der Grundsatz zu gelten: je vollkommener die Wesen, umso mehr sind ihrer erschaffen; also ist für die edelste unter den Seinsarten eine die Zahl der stofflichen übersteigende anzunehmen.« In der Tat: Da die göttliche Schöpfung die Perfektionierung des Universums zum Ziel hat, erschafft Gott umso mehr von den Geschöpfen, je perfekter sie sind.

Thomas von Aquin,
Summe der Theologie
(50. Untersuchung)

Dank dieser schlüssigen Argumentation können wir nun auch verstehen, warum es mehr Menschen als Rauhaardackel gibt … Ein guter Grund, uns auf die Schulter zu klopfen!

Kapitel III

In dem man feststellt, dass sich hinter einer falschen
Anekdote eine wahre Geschichte verbirgt.

In dem die pikanten Abenteuer zweier merkwürdiger
Engel aufgedeckt werden, die die Himmel verließen,
um Frauen zu verführen und dann vor der Sintflut
auf der Erde Verzweiflung säten. Des Weiteren wird
Auskunft darüber gegeben, was später mit ihnen und
ihren riesigen Sprösslingen geschah.

In dem man über das Problem des Bösen nachzudenken
beginnt.

Das Geschlecht
der Engel

Eine pikante Frage?

Vielleicht, aber sie ist keineswegs neu.

Sie geht zurück auf die ersten Tage des Monats April im Jahre 1453, als Sultan Mohammed II. an der Spitze einer dreihunderttausendköpfigen osmanischen Armee vor Konstantinopel aufmarschierte, gefolgt von einer Flotte bestehend aus vierhundert Kriegsschiffen. Natürlich kam er keineswegs in freundschaftlicher Absicht. Der byzantinische Kaiser Konstantin XI. verfügte innerhalb der Stadtmauern gerade einmal über zehntausend bewaffnete Männer in seiner Garnison. Anstatt sich jedoch gegen den Feind von außen zu verbünden, war die Bürgerschaft durch große Diskussionen entzweit. Das Thema ihrer Kontroverse war viel zu fesselnd, als dass sie sich von der aktuellen Lage, wie bedrohlich sie auch sein mochte, ablenken ließen: Während sie von den Türken belagert wurden, diskutierten die byzantinischen Herrschaften über das Geschlecht der Engel.

Sie diskutierten und diskutierten, bis Konstantinopel um ein Uhr morgens am 29. Mai 1453 wie eine reife Frucht den Türken in die Hände fiel und Mohammed II. als Zeichen seines Triumphs den einbalsamierten Kopf Kaiser Konstantins in verschiedene Städte seines neues Reichs schicken ließ.

So lautet jedenfalls eine berühmte Anekdote. Alle darin berichteten Ereignisse sind wirklich wahr – jedenfalls fast alle, bis auf das, wofür sie überhaupt berühmt geworden ist. Es stimmt zwar, dass es unter den Einwohnern von Byzanz einen Riesenstreit gab, inklusive zahlreicher scharfsinniger Syllogismen und theologischer Spitzfindigkeiten, doch drehte es sich dabei um ein eventuelles Bündnis mit dem Papst von Rom. In der französischen Sprache hat diese Anekdote jedoch tiefe Spuren hinterlassen: Der Ausdruck »byzantinische Diskussionen« ist ein Synonym für haarspalterische, unangebrachte Auseinandersetzungen geworden, und »über das Geschlecht der Engel diskutieren« meint den bei uns sprichwörtlichen fruchtlosen Streit um des Kaisers Bart.

Denn schließlich sind Engel körperlose Wesen, reiner Geist – an welcher Stelle sollte sich also ihr Geschlecht befinden? Seit dem Zweiten Konzil von Nizäa (787) lehrt der Katholizismus, Engel besäßen keinen Körper, und im Koran heißt es ausdrücklich: »Und sie machen die Engel, welche die Diener des Erbarmers sind, weiblich. Waren sie etwa Zeugen ihrer Schöpfung?«

Koran (43, 19)

Doch es gibt eine regelrechte Skandalgeschichte, in der das Geschlecht der Engel eine wichtige Rolle spielt – und sie ist nicht etwa das Ergebnis der plötzlichen Erleuchtung eines Mystik-Scharlatans oder der psychedelischen Halluzination irgendeines braun gebrannten Gurus, der sein Pilzomelett schlecht verdaut hat, sondern sie ist tatsächlich in der Bibel selbst zu lesen.

Es ist die Episode, mit der das sechste Kapitel der Genesis beginnt, des ersten Buchs der Bibel, und sie spielt sich kurz vor der Sintflut ab: »Als sich die Menschen über die Erde hin zu vermehren begannen und ihnen Töchter geboren wurden, sahen die Gottessöhne, wie schön die Menschentöchter waren, und sie nahmen sich von ihnen Frauen, wie es ihnen gefiel.«

Mit diesen »Gottessöhnen« (auf Hebräisch *Bene Elohim*) sind die Engel gemeint. Die Bibel verwendet diesen Ausdruck, etwa im Buch Ijob oder in den Psalmen, immer in dieser Bedeutung. Auch »von ihnen Frauen nehmen« ist sonnenklar. Darüber hinaus lässt das Resultat nicht lange auf sich warten: »In jenen Tagen gab es auf der Erde die Riesen [*Nefilim*], und auch später noch, nachdem sich die Gottessöhne mit den Menschentöchtern eingelassen und diese ihnen Kinder geboren hatten. Das sind die Helden der Vorzeit, die berühmten Männer.«

Genesis (6, 4)

Nefilim bedeutet »die Gefallenen«. Dies können nach Meinung der Exegeten in Anbetracht der Satzkonstruktion entweder die Engel selbst sein, die aus ihrer Ordnung herausgefallen sind, oder aber die Riesenkinder, die sie mit den Töchtern der Menschen zeugten. Ein weiterer Hinweis darauf findet sich im Buch Numeri: »Sogar die Riesen haben wir dort gesehen – die Anakiter gehören nämlich zu den Riesen.«

Numeri (13, 33)

Leider sagt die Bibel nicht mehr als das, zum großen Leidwesen unseres armen Mr. Chatterton.

Um weitere Details zu finden, muss man das »Buch Henoch« zu Rate ziehen, ein jüdisches apokryphes Werk aus dem 2. Jahrhundert v. Chr., das als erstes bekanntes Dokument über den Fall der Engel berichtet. Als Verfasser dieses Sammelwerks gilt der Patriarch Henoch, eine Gestalt der jüdischen Apokalyptik, dessen Name in Genesis 5, 21–24 erwähnt wird. Er war der siebte Mann nach Adam, der Urgroßvater Noachs und Vater des berühmten Methusalem, der im Gegensatz zu seinem Sohn, welcher mit 969 Jahren das Zeitliche segnete, überhaupt nicht starb, sondern in der Blüte seiner Jahre – jedenfalls für einen Patriarchen (365 Jahre!) – verschwand, »denn Gott hatte ihn aufgenommen«, wie die Bibel berichtet. »Das Buch Henoch« erzählt demnach von Henochs Begegnungen im Jenseits.

Genesis (5, 24)

Da dieses apokryphe Buch angeblich von Henoch, dem vorsintflutlichen Patriarchen, persönlich geschrieben worden ist, beruht ein Großteil der jüdischen Angelologie auf ihm. Die christliche Angelologie hingegen hat ihren Ursprung in einem Buch des Pseudo-Dionysios Areopagita, der seinen Text einer heiligen Person zuschreibt, die einige Jahrhunderte vor der Veröffentlichung ihrer Werke verschwand. Die wirklichen Autoren dieser Bücher waren jedoch nicht etwa hinterlistige Betrüger, sondern veröffentlichten ihre Schriften deshalb unter dem Namen einer unanfechtbaren – da von Gott zu sich gerufenen – Autorität, weil sie dem Gesagten dadurch mehr Gewicht zu verleihen glaubten.

Was hat der Pseudo-Henoch zu erzählen? Unter anderem liefert er den allerersten schriftlichen Bericht vom Fall der Engel:

»Nachdem die Menschenkinder sich gemehrt hatten, wurden ihnen in jenen Tagen schöne und liebliche Töchter geboren. Als aber die Engel, die Himmelssöhne, sie sahen, gelüstete es sie nach ihnen, und sie sprachen untereinander: ›Wohlan, wir wollen uns Weiber unter den Menschentöchtern wählen und uns Kinder zeugen.‹« Und schon waren sie unterwegs, zweihundert von ihnen unter der Leitung ihres Chefs Semjasa. Sie nahmen sich Ehefrauen, jeder eine – man wollte ja nicht übertreiben – und lehrten sie »Zaubermittel, Beschwörungsformeln und das Schneiden von Wurzeln und offenbarten ihnen die [heilkräftigen] Pflanzen«. Kurzum, alle Arten böser Zauberei. Der Engel Asasel zeigt den Menschen, wie man Waffen anfertigt, um sich gegenseitig umzubringen, und Schmuck, um den Damen eine Freude zu machen. Außerdem brachte er ihnen »den Gebrauch der Augenschminke und das Verschönern der Augenlider, die kostbarsten und auserlesensten Steine und allerlei Färbemittel. So herrschte viel Gottlosigkeit, und sie trieben Unzucht, gerieten auf Abwege und alle ihre Pfade wurden verderbt.« Noch

1 Henoch (VI, 1–2)

1 Henoch (VII, 1)

mehr Laster und Verbrechen beginnen die Erde heimzusuchen, als die Frauen der Engel Riesen zur Welt bringen, »dreitausend Ellen lang«, die »den Erwerb der Menschen«, viele Tiere und am Ende sogar die Menschen selbst aufzehrten, bis sie schließlich aus Nahrungsmangel anfingen, sich gegenseitig aufzufressen.

»Da klagte die Erde über die Ungerechten. (…) Als nun die Menschen umkamen, schrien sie, und ihre Stimme drang zum Himmel. Da blickten Michael, Uriel, Rafael und Gabriel vom Himmel und sahen […] all das Unrecht, das auf Erden geschah.« Sie legen bei Gott ein gutes Wort für die Menschen ein, und Er bringt die Sache in Ordnung: Er schickt Uriel hinunter, um Noach die bevorstehende Sintflut anzukündigen und ihn zu lehren, wie er sich davor schützen könne; Rafael fesselt Asasel an Händen und Füßen und wirft in ein Loch in der Wüste; Gabriel tilgt die Riesen aus und hetzt sie gegeneinander auf, bis sie einander im Kampf vernichten, und Michael bindet Semjasa und seine Gesellen für siebzig Geschlechter unter die Hügel der Erde. Auf die gefallenen Engel warten dann, in den Tagen des Jüngsten Gerichts, sämtliche Höllenqualen.

»Das Buch Henoch« stellt eine Synthese von mehreren verschiedenen Versionen einer Geschichte dar, die in der jüdischen Religion seit Generationen mündlich überliefert wurde und bei seiner Niederschrift noch immer kursierte.

Henoch zufolge kamen die Engel aus Leidenschaft und dem Verlangen heraus, Nachkommen zu zeugen, auf die Erde – beides Dinge, die für Engel normalerweise unmöglich sind.

Nach einem Midrasch (einem rabbinischen Kommentar) aus dem 9. Jahrhundert geschah es allerdings einzig und allein aus Fleischeslust. Doch was hatte das Verlangen der Engel so plötzlich erweckt? Es mussten wohl die Damen gewesen sein, die es entzündeten, denn sie spazierten schließlich bis dato splitterfasernackt herum. Bei den *Benoth-ha-Adam*, den Töchtern der Menschen, handelte es sich in erster Linie um die Töchter Kains, des Brudermörders (der, nebenbei bemerkt, angeblich auch der Sohn Evas und der Schlange war!*), des Stammvaters

Chapitres de Rabbi Eliézer

---

* Diese Überlieferung beruht auf einem Vers in der Genesis (3, 13), in dem Eva sagt: »Die Schlange hat mich verführt«, auf Hebräisch: *ishiani*, was auch heißen kann: »Er hat seinen Samen auf mich getan.« Die Bosheit Kains, des Mörders seines Bruders Abel, des Gerechten, könnte durch diese teuflische Abstammung erklärt werden.

einer Generation verdorbener Menschen, die »völlig nackt umhergingen, Männer und Frauen, wie die Tiere« … Diese schlechten Frauen, die Gattinnen der Engel, gebaren jedes Mal sechs Kinder, die schon gleich nach der Geburt auf ihren Beinen stehen konnten und anfingen zu tanzen. Als Noach die Riesen warnte, sie sollten mit ihrem Unfug aufhören, weil Gott drohe, sie allesamt in einer Sintflut zu ersäufen, fanden sie das sehr komisch. Sie konnten zwar nicht schwimmen, doch sie waren so groß, dass sie nur auf einen Hügel zu steigen brauchten, und ihre Häupter überragten sogar die höchsten Berge. Doch sie hätten sich lieber nicht darüber lustig machen sollen, denn um sie loszuwerden erhitzte Gott die Wasser der Sintflut, und die Riesen endeten als Suppenfleisch in Bouillon.

In einer anderen, späteren Version wollten Semjasa und Asasel zur Erde hinunter, um zu beweisen, dass die Engel besser seien als die Menschen. Gott zweifelte daran, doch sie bestanden darauf und versprachen ihm hoch und heilig, Seinen Namen auf der Erde zu preisen und sich anstelle der Menschen wesentlich besser zu benehmen: wie wahre Engel! Schließlich lässt Gott sie ziehen, in menschlicher Gestalt. Semjasa nimmt sich eine Frau, Isthar. Um sie zu verführen, gibt er sich ihr als Engel zu erkennen und behauptet, Gott habe ihn ein Zauberwort gelehrt, durch das man unverzüglich in den Himmel aufsteige. Die neugierige Isthar will dieses Wort erfahren (bei dem es sich um nichts Geringeres als den Namen Gottes handelte). Semjasa teilt ihn ihr in Form von Rätseln mit, wie eine Art Rebus, ohne ihn dabei auszusprechen, doch Isthar, die dumme Gans, wiederholt ihn laut und deutlich und landet – schwupps! – im Himmel. Da sie stirbt, ohne gesündigt zu haben, verleiht Gott ihr als Entschädigung einen Platz unter den sieben Sternen der Plejaden, damit man sich auf ewig an sie erinnert.

Auch in dieser Version der Geschichte bringen Semjasa und Asasel den Frauen die Kunst des Schminkens und den Männern die Kunst der Waffenanfertigung bei. Sie heiraten Menschenfrauen und zeugen zwei riesige Söhne: Hiva und Hija, die jeder tausend Kamele, tausend Ochsen und tausend Ziegen am Tag essen. Als der Engel Metatron kommt, um die Sintflut anzukündigen, ist Semjasa verzweifelt: Was sollen die beiden Riesenbabys nur essen, wenn die gesamte Erde überflutet wird?

Daraufhin träumen Hiva und Hija: Der eine sieht einen starken Baumstamm, von dem vier Äste emporragen und der andere vier Namen, die in die Erde geritzt sind. Semjasa interpretiert diese Träume

Zeenah u-Reenah (Frauenbibel), Übersetzung und Auslegung des Pentateuch von Jacob ben Isaac aus Janow

folgendermaßen: Die vier Äste und die vier Namen symbolisieren die vier Männer, die die Sintflut überleben werden, Noach und seine drei Söhne, Sem, Ham und Jafet. Da fangen die Riesen an zu weinen: Ihre Träume sollen doch nicht etwa bedeuten, dass sie für immer verschwinden werden? Um sie zu trösten, sagt Semjasa zu ihnen: »Eure Namen werden nicht aus den Mündern der Menschen verschwinden: Immer wenn ein Mensch Holz sägen wird, schwere Steine hebt, ein Boot anschiebt oder einen Karren mit Pferden oder Ochsen lenkt, wird er sagen: ›Hi-va, Hi-ja, Hi-va, Hi-ja!‹« – die hebräischen Ausdrücke für Hau ruck! Hau ruck!

Semjasa erkennt das Ausmaß seines Fehlers und bereut: Er spannt sich zwischen Himmel und Erde, den Kopf nach unten, die Füße nach oben, und so hängt er bis heute da. Asasel hingegen verharrt in der Sünde und fährt fort, die Menschen mit dem Schmuck der Frauen zu verführen. Er lebt in der Wüste, und in biblischen Zeiten sandte man ihm an Jom Kippur, dem Versöhnungstag, einen Ziegenbock, der mit allen Sünden Israels beladen war: den berühmten Sündenbock.

In diesen drei Versionen über den Fall der Engel geht es zum ersten Mal darum, den Ursprung des Bösen zu erklären. Da Gott gut ist, kann Er das Böse nicht geschaffen haben. Und doch existiert es – aber warum? Es geht in den Geschichten nicht so sehr um die monströsen Sprösslinge der Engel (die logische Konsequenz der Vereinigung zweier verschiedener Arten), die zusammen mit der verdorbenen Menschheit von den Wassern der Sintflut verschlungen werden, sondern vielmehr um all die Schändlichkeiten, die die verdorbenen Engel den Menschen beibringen: den Männern die Kunst der Kriegsführung, den Frauen die der Verführung mithilfe des Schminkens. Der heilige Cyprian von Karthago brachte es im 3. Jahrhundert auf den Punkt, indem er galant bemerkte, die Engel hätten den Frauen beigebracht, die gesamte Wahrheit von ihrem Gesicht und aus ihrem Kopf verschwinden zu lassen …

Wenn die Menschen Böses tun, liegt es daran, dass ihre großen Brüder, die Engel, es ihnen eingeflüstert haben, ebenso wie die Schlange Eva zuzischelte, sie solle von der verbotenen Frucht essen. Daher rührt auch die unendliche Gnade Gottes mit den Menschen, die nie ganz und gar verantwortlich sind für ihre Taten. Hinter dem Bösen steckt der Engel, der für immer der erste Schuldige ist.

Doch warum ist der Engel gefallen?

Ursprünglich gab es drei mögliche Erklärungen: die Fleischeslust, das Verlangen zu zeugen oder die Eitelkeit. Kurzum, in zwei von drei Fällen war Sex im Spiel ...

Fest steht, dass die ersten Juden-Christen diese Geschichte vom Fall der Engel kannten. Beweis dafür ist die Tatsache, dass Paulus, ein früherer Schüler Rabban Gamaliels, in seinem ersten Brief an die Korinther erklärt, dass die Frauen ihr Haupt mit einem Kopftuch verhüllen müssen, wenn sich die Gemeinde zum Beten versammelt, und zwar zum einen natürlich als Zeichen der Unterwerfung unter ihren Mann, aber zum anderen auch »mit Rücksicht auf die Engel«. Es geht also darum, das Risiko zu vermeiden, die Engel mit einer langen Haarpracht zu verführen; so lautet jedenfalls die Interpretation der Mehrheit der ersten Kirchenväter bis ins 4. Jahrhundert hinein. Der heilige Justin erklärte im 2. Jahrhundert, bei den gefallenen Engeln habe es sich um Teufel gehandelt, die sich für Götter ausgaben, alle möglichen Unkeuschheiten begingen und die Menschheit in Schrecken versetzten. Klemens von Alexandrien spricht von ihrer Wollust und Tertullian bezeichnet sie als »desertores Dei, amatores feminarum«, als Deserteure Gottes und Liebhaber der Frauen.

1 Korinther (11, 10)

Quintus Septimius Tertullianus, De Idolatria (IX)

Das »Buch Henoch«, das sich nicht unter den Büchern der hebräischen Bibel und damit zwangsläufig auch nicht in der christlichen Heiligen Schrift befindet, brachte die ersten Kirchenväter in eine nicht geringe Verlegenheit. Theoretisch hätten sie es nämlich links liegen lassen müssen – wenn nicht Judas (in einem anderen Zusammenhang) in seinem Brief darauf verwiesen hätte, und wenn der Brief des Judas nicht in der christlichen Bibel stünde ... Der heilige Hieronymus zählt Henoch zu den Apokryphen, erkennt jedoch an, dass nicht alle dieser Schriften abzulehnen seien. Jedoch, so schreibt er, sei große Vorsicht geboten, wenn man im Schmutz das Gold suchen wolle.

Also machten sich die Kirchenväter auf die Suche nach dem Gold, indem sie den traditionellen jüdischen Glauben an einen ursprünglichen Fall der Engel bewahrten und das »Buch Henoch« als dessen mythologische Version betrachteten.

Im 4. Jahrhundert trat jedoch der heilige Caesarius von Nazianz für eine andere Interpretation der betreffenden Passage in der Genesis ein, wie sie Julius Sextus Afrikanus im 3. Jahrhundert aufgebracht hatte. Die »Gottessöhne«, die den »Menschentöchtern« so gut gefielen, sollen keine Engel gewesen sein, sondern die Nachkommen Sets, »die als fromm galten und darum als ›Gottessöhne‹ bezeichnet werden konnten, aber

nun Ehen mit den weiblichen Nachkommen Kains eingingen, mit den
›Menschentöchtern‹, so dass die Laster der Kainiten auch auf die Setiten
übergriffen.« Ihren Namen nach zu urteilen, müssen es schöne Frauen
gewesen sein: Ada, »die Schönheit«, Zilla, »die Braune« und Naama, »die
Anmutige« … Was die Riesen angeht, so steht im Text geschrieben, dass
sie bereits vorher existierten.[*] Es waren die Söhne Kains, die Schmiede,
die den Turm zu Babel erbauten.

Zu Beginn des 5. Jahrhunderts erklärt sich Augustinus mit dieser
Version einverstanden und der heilige Cyrill von Alexandrien erklärt
ohne Umschweife all jene zu Dummköpfen, die sich etwas anderes ein-
bilden sollten. Später kamen die Christen kaum mehr auf diese Geschichte zurück. Henoch geriet aus der Mode und der heilige Thomas
von Aquin, der zu diesem Thema die Interpretation Augustinus' wieder
aufgriff, fand eine andere Apokryphe, mit der er sich herumschlagen
konnte.

Man könnte also meinen, die Sache sei ad acta gelegt worden; doch
so war es keineswegs.

Die Abenteuer Semjasas und Asasels waren noch nicht zu Ende,
denn den beiden schlauen Burschen gelang es, sich im 7. Jahrhundert in
anderer Gestalt in den Koran einzuschmuggeln, wo man sie in Vers 102
der zweiten Sure wiedertrifft:

»Und sie folgten dem, was die Satane wider Salomos Reich lehrten;
nicht dass Salomo ungläubig war, vielmehr waren die Satane ungläubig,
indem sie die Leute Zauberei lehrten und was den beiden Engeln in
Babel, dem Harut und Marut, offenbart war. Doch lehrten sie keinen,
bevor sie nicht sprachen: ›Wir sind nur eine Verführung; sei daher kein
Ungläubiger.‹ Von ihnen lernte man, womit man Zwietracht zwischen
Mann und Weib stiftet; doch konnten sie niemand ohne Allahs Erlaubnis damit Schaden tun. Und sie lernten, was ihnen schadete und nichts
nützte; und sie wussten wohl, dass, wer solches erkaufte, keinen Teil
hätte am Jenseits. Und fürwahr, um Schlimmes verkauften sie ihre Seelen. O dass sie es wüssten!«

Kommt uns das nicht irgendwie bekannt vor? Der Koran sagt zwar
nichts weiter darüber, doch der Volksmund ist dafür um so geschwätzi-

---

[*] »In jenen Tagen gab es auf der Erde die Riesen, und auch später noch, nachdem sich
die Gottessöhne mit den Menschentöchtern eingelassen und diese ihnen Kinder
geboren hatten.« Genesis (6, 4)

ger. Im Großen und Ganzen stellt sich die Überlieferung folgendermaßen dar:

Die Engel schauten vom Himmel auf die Menschen hinunter und fanden, dass diese sich ziemlich schlecht benähmen. Sie konnten es sich nicht verkneifen, über diese bedauernswerten und sündhaften Kreaturen zu schimpfen. Gott hörte sie und forderte sie heraus, es unter denselben Umständen wie die Menschen besser zu machen. Die Engel erklärten sich mit der Prüfung einverstanden und entsandten zwei von ihnen, Harut und Marut, als ihre Repräsentanten zur Erde hinunter mit dem Auftrag, bestimmte schwere Sünden zu vermeiden: Götzenanbetung, Unzucht, Mord und den Genuss von Wein. Doch kaum auf der Erde angekommen, verlieben sich Harut und Martu sofort in eine überaus schöne Frau, Zohra, die ihnen jedoch entgeht, weil Gott sie in den Fixstern Venus verwandelt. Nach einigen Zechgelagen werden sie auf frischer Tat ertappt, als eine andere Frau gerade dabei ist, ihnen ihre Gunst zu erweisen. Sie schrecken nicht davor zurück, den Zeugen ihrer Verfehlung zu ermorden. Und einmal in Schwung gekommen, fuhren Harut und Marut fort, alle möglichen Sünden zu begehen; ja, sie gaben sogar Astrologieunterricht …

Derweil machte Gott im Himmel die übrigen Engel zu Zeugen dieses betrüblichen Verhaltens ihrer Artgenossen und sie konnten nicht anders, als Ihm Recht zu geben. Harut und Marut blieb nur noch eine Wahl: die Entscheidung darüber, wo ihre Bestrafung stattfinden sollte. Auf der Erde oder direkt in der Hölle? Sie entschieden sich dafür, am Ort ihrer Verbrechen zu bleiben und wurden an den Füßen in einem Schacht in der Stadt Babylon aufgehängt, wo sie unablässig gemartert wurden. Ihre Nachkommen sind keine Riesen, sondern »die Helden der Vorzeit«, von denen in der Genesis die Rede ist. Die Muslime glauben, es handele sich bei ihnen um die legendären Bewohner Mekkas bei der Ankunft Ismaels, die Königin von Saba *(Balqîs)* und Alexander der Große *(Dhû-l-Qarnayn)*.

Die Ähnlichkeiten mit der dritten jüdischen Version der Ereignisse sind frappierend, die Unterschiede höchst aufschlussreich: Im Fall von Harut und Marut ist es Gott selbst, der die Engel auf die Probe stellt und als Initiator dieser Prüfung auftritt; auf sein Geheiß steigen sie zur Erde hinunter. Ein muslimischer Engel ist nämlich nicht ungehorsam. Im Koran heißt es strikt: »Doch lehrten sie keinen, bevor sie nicht sprachen: ›Wir sind nur eine Verführung; sei daher kein Ungläubiger‹«, da sie genau wussten, dass sie ohne die Erlaubnis Gottes unfähig waren, jemandem zu schaden. Ein muslimischer Engel kann fallen, sich aber niemals auflehnen.

Die Koran-Kommentare erwähnen zwar diese beiden legendären Engel, messen ihnen jedoch keine grundlegende Bedeutung bei.

Da glaubt man, man hätte seine Ruhe vor den beiden.

Doch da täuscht man sich.

Um 1945 greift Georges Dumézil eine These P. de Lagardes auf, zerrt Harut und Marut aus ihrem babylonischen Verlies heraus und demaskiert sie: Unsere beiden Tunichtgute sollen nicht etwa jüdischen Ursprungs sein, sondern … aus Persien stammen!

Für Dumézil sind Harut und Marut falsche Identitäten hinter denen sich nicht etwa Semjasa und Asasel verbergen, sondern Haurvatat (Integrität) und Ameratat (Unsterblichkeit), die Zwillinge Nasatya, zwei *Aswinis*, Halbgötter, die noch nicht das Recht haben, Soma zu trinken, den Trank der Götter, und die zur Hälfte im Himmel und zur Hälfte auf Erden leben. So wird die Sache in der *Mahabharata* dargestellt, dem heiligen Buch der Hindus.

Eines Tages erblicken Haurvatat und Ameratat die schöne Sukanya, die nackt in einem Weiher badet, und verlieben sich in sie. Um sich vor ihnen zu schützen, erklärt sie, sie sei mit dem Asketen Cyavana verheiratet. Die jungen und schönen Zwillinge erwidern ihr, dieser sei doch schon alt und außerdem verkrüppelt. Ja, sagt sie, stimmt schon, aber sie liebe ihn trotzdem. Nach einiger Diskussion lässt sie sich auf das Versprechen ein, ihre Entscheidung noch einmal zu überdenken, falls die Zwillinge ihren uralten Ehemann verjüngen würden, und sich unter ihnen dreien einen Mann auszuwählen.

Die jungen und schönen Zwillinge baden zusammen mit dem alten Ehemann im See, und als sie aus dem Wasser steigen, sind sie alle drei absolut gleich. Doch dank ihrer weiblichen Intuition wählt Sukanya trotzdem wieder Cyavana zu ihrem Ehemann. Dieser, sehr erfreut über seine unverhofft wiedergewonnene Jugend, bietet den Zwillingen zum Dank ein Glas Soma an. Da schreitet der Gott Indra ein: Sie hätten nicht das Recht, davon zu trinken! Doch der Asket Cyavana greift in seine Trickkiste, lähmt den Gott auf der Stelle und erschafft »durch die Kraft der Strafe« ein riesiges Ungeheuer: Mada, die Trunkenheit. Voller Angst gibt Indra nach und erlaubt den Zwillingen, den Likör der Götter zu trinken. Daraufhin teilt der Asket Cyavana das Monster Trunkenheit in vier Teile und steckt es in den Alkohol, die Frauen, die Würfel und die Jagd.

Obwohl diese Geschichte keinen Fall, sondern einen himmlischen Aufstieg schildert, sieht Dumézil darin drei gemeinsame Punkte mit den Abenteuern von Harut und Marut: Zwillingsengel, eine Frau, die ihnen entgeht und die Offenbarung der Trunkenheit, die alle Verbrechen nach sich zieht – die Ungerechtigkeit, die Lüsternheit und den Mord. Daraus schlussfolgert er, dass die muslimischen Engel von den beiden Zwillingen Nasatya abstammen müssen.

Seitdem wird überall danach geforscht, wie sich die Verschmelzung von iranischer Überlieferung und einer jüdischen Legende vollziehen konnte und durch welches Wunder diese hypothetische Synthese im Arabien des beginnenden 7. Jahrhunderts hatte landen können. Man ist der Ansicht, solche Geschichten hätten quasi in der Luft gelegen, alle Welt sei damals unterwegs gewesen, ob freiwillig oder unfreiwillig, man sei häufig zusammengekommen, und dabei hätten sich die Geschichten überlagert … oder auch nicht. Ähnlich wie bei zwei parallelen Geraden hat man auch bei derartigen Mythologien häufig den Eindruck, sie kreuzten sich am Horizont.

Wie dem auch sei: Das talmudische Judentum hat die Geschichte der gefallenen Engel Semjasa und Asasel bewahrt, machte darum aber genauso wenig Aufhebens wie der Islam um Harut und Marut. Das philosophische Judentum behandelt die beiden gefallenen Engel als »exotische Pflanzen mit prächtigen Blüten, aber ohne Wurzel im Judentum«, kurzum als Legenden, die die Juden aus ihrer Gefangenschaft in Babylon mitbrachten und anschließend assimilierten.

Die christlichen Theologen legten ihrerseits die Geschichte der gefallenen Engel um das 5. Jahrhundert herum zu den Akten, indem sie die »Gottessöhne« mit den Nachkommen Sets assimilierten und die »Menschentöchter« mit denen Kains. Allerdings arbeiteten die meisten christlichen Gelehrten damals mit Texten, die ins Griechische oder Lateinische übersetzt worden waren, und in der hebräischen Bibel werden an keiner anderen Stelle die Söhne Sets als *Bene Elohim* bezeichnet. »Gottessöhne«: das kann nichts anderes als Engel heißen.

Im volkstümlichen Glauben (die Engel stehen immer und überall dem Volk näher als den Theologen) konnte jedenfalls eine vage Erinnerung an diese rätselhaften, unanständigen Engel überleben, die sich in den vier mysteriösen Bibelversen versteckt haben. Sie tauchen in Farbe und manchmal dreidimensional auf, an Wänden, auf Kapitellen und den Tympanons mittelalterlicher Kirchen. Schaut sie euch einmal genau an: Während die guten Engel verhüllt sind und als asexuelle Wesen dargestellt werden, sind die bösen Engel, die Teufel, splitterfasernackt und stark behaart, und sie lassen keine Gelegenheit aus, ihre spitzen Zipfelchen zu zeigen.

Nun ist Satan bei den Christen auch ein Engel, und als solcher geschlechtslos.

Folglich ist es ein imaginäres, falsches Geschlecht, das der »Vater der Lüge« umherzeigt, um damit seine dummen kleinen Menschenbrüder schadenfroh zu necken, die ihrerseits natürlich ein richtiges besitzen.

Doch der Teufel würde sich nicht für einen derartigen illusionistischen Striptease hergeben, wenn der Sex nicht im Hinblick auf Gott selbst eine ganz besondere Bedeutung hätte.

Genesis (1, 27)   Tatsächlich ist der Mensch, das letzte Geschöpf Gottes, das einzige nach Seinem Abbild, was heißt, dass es zugleich spirituell und schöpferisch ist. Diese schöpferische Fähigkeit, die der menschlichen Natur eigen ist, drückt sich nicht nur in der Kunst oder der Technik aus, sondern auch schlicht und einfach in der Vermehrung. »Seid fruchtbar und ver-
Genesis (1, 28)   mehrt euch!«, ist schließlich der erste Satz, den Gott zur Menschheit sagt, und das war ein Befehl. Später, als Er seinen Bund mit Abraham besiegeln wollte, fordert Er ihn auch nicht etwa dazu auf, sich die Nasenspitze abzuschneiden oder sich die Ohren durchzustechen, sondern jenes Organ zu heiligen, das beim Menschen scheinbar am meisten an das Tierreich erinnert, jedoch in Wirklichkeit eine wesentliche Verbindung zum Königreich Gottes darstellt.

Nun »ist im Engel keine Fruchtbarkeit, sondern nur Schönheit«, wie Pater Marie-Dominique Philippe einmal sagte; doch obwohl sie viel schöner und intelligenter sind als die Menschen, können die Engel weder etwas erschaffen noch sich fortpflanzen.

Man kann sich schon vorstellen, dass einige von ihnen deswegen schier verrückt wurden vor Neid.

Vor allem der schönste Engel im Himmel, der Engel, der das Licht trug und sich die Flügel verbrannte: Luzifer.

KAPITEL IV

In dem die Geschichte des bösen Engels erzählt wird,
der Eva verführte, sowie über die Art und Weise berichtet
wird, wie er es anstellte.

In dem der Ursprung seines Konfliktes mit Gott und
seines Hasses auf die Menschen enthüllt wird.

In dem man die Bekanntschaft mit Dschinns, Dämonen
und einigen weiteren wenig angenehmen Kreaturen macht.

Satan

Warum steht sein Porträt an erster Stelle?

Weil er der allererste Engel ist, der in der Bibel auftaucht, sowie der erste Engel, dem der Mensch (in diesem Fall eine Frau) begegnete, – und der damit zur Ursache all seiner Probleme wurde.

Von Anfang an war im Apfel der Wurm drin, wenn man so sagen darf.

Kaum haben Adam und Eva die Hand ihres Schöpfers verlassen, um im Garten Eden herumzuschlendern, ist er auch schon da.

Er ist schwer zu erkennen: Der Engel hat sich für seinen Auftritt verkleidet; der Teufel hat die Gestalt einer Schlange angenommen, und »die Schlange war schlauer als alle Tiere des Feldes, die Gott, der Herr, gemacht hatte.« Doch es ist einigermaßen schwierig, sich vorzustellen, Genesis (3, 1) wie diese Schlange ausgesehen haben könnte. Den unzähligen Malereien, Fresken und Miniaturen, die uns das Reptil gleichmäßig um den Baum mit der verbotenen Frucht geschlungen zeigen, die langhaarige Eva auf der einen Seite, Adam inmitten von Zweigen auf der anderen, kann man jedenfalls keine besondere Nähe zur Realität zumessen: Zu diesem Zeitpunkt, das heißt *bevor* Gott sie wegen ihres Vergehens dazu verdammt hat »auf dem Bauch [zu] kriechen und Staub [zu] fressen alle Tage deines Lebens«, kann die Schlange nämlich noch gar kein Reptil Genesis (3, 14) gewesen sein, denn sonst hätte diese göttliche Verwünschung ja gar keinen Sinn gehabt.

Als die Schlange sich Eva näherte, kroch sie nicht und rollte sich auch nicht ein, sondern sie stand aufrecht auf den Beinen. Wie sah sie aus? Manchen rabbinischen Kommentaren aus dem 1. Jahrhundert zufolge soll sie die Größe und das Aussehen eines Kamels gehabt haben. Andere Texte behaupten wiederum, sie habe bereits wie eine Schlange ausgesehen, aber »mit Füßen und Händen wie die eines Menschen, und Flügeln auf den Schultern, sechs auf der rechten und sechs auf der linken Seite«, wie es in der Offenbarung Abrahams heißt.

Auf jeden Fall muss unsere Urgroßmutter Eva sie verführerisch gefunden haben. Allerdings hätten Zweifel sie beschleichen müssen, als die Schlange anfing zu reden, was schließlich für ein Tier alles andere als natürlich ist. Außerdem sprach sie in einer Art und Weise, die bis dato beispiellos war (Adam und Eva hatten ja noch nie jemand anderen als Gott reden hören): Ihre Sprache war lügnerisch.

»[Die Schlange] sagte zu der Frau:

Hat Gott wirklich gesagt: Ihr dürft von keinem Baum des Gartens essen?«

Wirklich amüsant, diese allererste Lüge. Sie stellt nämlich nicht das Gegenteil der Wahrheit dar, sondern quasi einen Parasiten der Wahrheit. Es handelt sich nicht um neue Worte, sondern um Worte, die vorher Gesagtes, nämlich die Worte Gottes, überlagern. Gott hatte zu den Menschen gesagt, sie dürften von allen Bäumen des Gartens essen, außer von dem Baum der Erkenntnis von Gut und Böse. Die Schlange verwendet gegenüber der Frau ein tendenziöses Zitat. Sie sagt nicht etwa zu ihr: »Gott hat gesagt: Ihr sollt von keinem Baum des Gartens essen«, woraufhin Eva lauthals protestiert und ihre Aufmerksamkeit allen Bäumen, von denen sie essen durfte, zugewandt hätte. Nein, stattdessen verwendet die Schlange folgende undurchsichtige und fragende Ausdrucksweise: »Also, ihr esst nicht von allen Bäumen im Garten?«, die Eva zu einer Antwort verleitet und gleichzeitig diesen einen, verbotenen Baum als den wichtigsten von allen in den Mittelpunkt ihrer Aufmerksamkeit rückt. Wie ein Einsiedlerkrebs nistet sich die Lüge im leeren Gehäuse der Wahrheit ein – nachdem sie sie verschlungen hat. Gott ist das Wort, und Satan, der Parasit, produziert atmosphärische Störungen.

»Die Frau entgegnete der Schlange: Von den Früchten der Bäume im Garten dürfen wir essen; nur von den Früchten des Baumes, der in der Mitte des Gartens steht, hat Gott gesagt: Davon dürft ihr nicht essen, und daran dürft ihr nicht rühren, sonst werdet ihr sterben.

Darauf sagte die Schlange zur Frau:

Nein, ihr werdet nicht sterben. Gott weiß vielmehr: Sobald ihr davon esst, gehen euch die Augen auf; ihr werdet wie Gott und erkennt Gut und Böse.«

Genesis (3, 1–5)

Auch in diesem Fall ist die Antwort der Schlange interessant; eine schöne Lüge, die voller Wahrheit steckt: »Nein, ihr werdet nicht sterben.« Und tatsächlich werden Adam und Eva keineswegs wie vom Blitz getroffen mitten im Garten Eden tot umfallen (Adam wird 930 Jahre alt).

Doch sie werden, wie Gott es ihnen sagt, »zum Staub zurück« müssen, also sterblich werden, obwohl Gott den Menschen ursprünglich als ein »unvergängliches« Wesen erschaffen hatte. »Durch den Neid des Teufels kam der Tod in die Welt«, heißt es im Buch der Weisheit, das König Salomo zugeschrieben wird. Das erste Geschenk des Teufels an die Menschheit war also der Tod, der das Reich des »Prinzen dieser Welt« eingrenzt: Satan hat keinerlei Macht in der Ewigkeit, der Zeit Gottes. Satan nistet sich im Hier und Jetzt ein, in der Zeit der Menschen, und im Jetzt hat er Recht.

Weisheit (2, 24)

Zweite Konsequenz: »Ihr werdet wie Gott und erkennt Gut und Böse.« Der Engel ist intelligenter als der Mensch, er kennt Gut und Böse sehr wohl und führt ihn in Versuchung, genau wie er »den Schlaumeier spielt« –, schlau sein in Form einer Illusion, des »sich für einen Gott Haltens« anstelle von Gott selbst. Gott hatte den Menschen jenseits von Gut und Böse erschaffen; Satan wird ihm die Gegenmacht anbieten. Der Mensch wird dem Menschen ein Gott sein; er wird sich dafür entscheiden, das göttliche Gesetz, das sich bis dahin auf ein einziges Verbot beschränkt, durch seine eigenen – unzähligen – Gesetze zu ersetzen.

Das Resultat lässt nicht lange auf sich warten. Sobald Adam und Eva von der verbotenen Frucht gegessen hatten, »gingen beiden die Augen auf, und sie erkannten, dass sie nackt waren. Sie hefteten Feigenblätter zusammen und machten sich einen Schurz.« Sie schauten ziemlich dumm aus der Wäsche, unsere von Erkenntnis erfüllten Urgroßeltern! Gott, der erste Modeschöpfer der Geschichte, machte Adam und seiner Frau jedoch Röcke aus Fellen und bekleidete sie damit, bevor er sie aus dem irdischen Paradies verjagte.

Genesis (3, 7)

Genesis (3, 21)

Im Laufe der Zeit wurde aus der verbotenen Frucht ein Apfel, und zwar aufgrund eines Übersetzungsfehlers, der im 5. Jahrhundert passierte. »Im Lateinischen bezeichnet *pomum* die Frucht im Allgemeinen und *malum* den Apfel. *Malum* und *malus*, der Apfel und das Böse: Die Verbindung ergab sich wie von selbst...«, erklärt Jean-Baptiste de Vilmorin. Tatsächlich handelte es sich bei der Frucht jedoch um eine Feige. Logisch, denn es waren die Blätter des Feigenbaums, aus dem der erste Minislip gemacht war, den Adam und Eva trugen. So bekleidet stellten auch die Künstler sie dar, bevor das Feigenblatt zu Beginn des Mittelalters zum Weinblatt wurde.

Ein anderer, weit verbreiteter Irrtum besteht in der Vorstellung von einem Zusammenhang zwischen der »verbotenen Frucht« und der

Sexualität. Zweifellos ist er durch die vielen Bilder mit diesen winzig kleinen Blätter-Tangas entstanden. Wie soll man sich sonst erklären, warum noch heute bizarre Legenden aus den Bestiarien des Mittelalters weiter existieren? Eine von ihnen berichtet beispielsweise, dass der Elefant, der das gefühlskälteste aller Tiere sei, sich erst mit der Elefantenkuh vereinigen kann, nachdem er Alraunwurzel gegessen hat. Daher stammt die Vorstellung, die Frucht, die Eva Adam angeboten hat, sei eine aphrodisierende Alraunwurzel gewesen. Adam isst davon, wird von einem plötzlichen Verlangen ergriffen, erkennt Eva (im biblischen Sinne!) und zeugt Kain ... Kurzum: »[Diese Welt von subtilen Ideen ...], [stellt] eine Vermengung der Theologie mit der Wissenschaft der Tierbücher dar«, sagte Emile Mâle, der sich damit auskennt.

Quelle: Emile Mâle, *Die kirchliche Kunst des XIII. Jahrhunderts in Frankreich* (1. Buch, 2. Kapitel)

Adam und Eva waren mit dem Auftrag erschaffen worden, sich zu vermehren und zudem auch mit allen Utensilien ausgestattet, die sie dazu benötigten – und zwar schon bevor sie in die verbotene Frucht gebissen hatten. Die rabbinischen Kommentare unterscheiden sich daher lediglich darin, in welcher Stunde (zwischen der siebten und der neunten) sie es am Tag ihrer Schöpfung taten. Die Tatsache selbst wird jedoch nie in Frage gestellt ... Die christliche Tradition hingegen lehrt, dass sie es getan haben könnten, aber nicht genügend Zeit dazu hatten.[*]

Doch wer zum Teufel ist nun eigentlich dieser Satan? Warum macht er den Menschen so zu schaffen? Auch darüber konnte der liebe Mr. Chatterton keine ausreichenden Informationen in der Bibel finden, noch nicht einmal mit seiner besten Brille *(very best glasses)*.

Doch ihm höchstpersönlich begegnete er natürlich, jenem Engel, der in der Bibel zu Anfang als »der Satan«, im weiteren Verlauf jedoch nur noch kurz und bündig als »Satan« bezeichnet wird. Leider jedoch ohne jeglichen Hinweis auf seinen Ursprung, seine Vergangenheit oder seine Geschichte.

Betrachten wir zunächst einmal seinen Namen. Im nachbiblischen Judentum sah man in Satan den Gegenspieler Gottes. In der griechischen Übersetzung gebrauchte man dafür den Neologismus *diabolos*[**] (der,

---

[*] »Wie Augustinus [...] sagt, unterließen die ersten Eltern im Paradiese die Begattung, weil sie nach der Bildung des Weibes sehr bald wegen der Sünde aus dem Paradies verjagt worden sind«, heißt es bei Thomas von Aquin, *Summe der Theologie* (98. Untersuchung, 2. Artikel, zu 2).

[**] Im Gegensatz zum vereinenden *symbolos* stellt der *diabolos* das Trennende dar.

der sich querstellt), woraus später das deutsche Wort »Teufel« entstand. Doch Satan kann gar nicht wirklich der Gegner Gottes sein −, denn er ist ja nichts anderes als Seine eigene Kreatur; sie kämpfen sozusagen nicht in der derselben Gewichtsklasse −, nein, vielmehr ist er der Gegner des Menschen. Er will Gott beweisen, dass Er Unrecht hatte, Sein Vertrauen in ein Wesen von minderwertigerer Natur als der seinen zu setzen. Schließlich ist Satan ein Engel; darüber lässt die Bibel keinen Zweifel offen.

Im Alten Testament, in dem er keine sehr große Bedeutung besitzt, spielt der Teufel die Rolle einer Art öffentlichen Anklägers. Er mischt sich unter die Engel Gottes, »[durchstreift] die Erde [...], hin und her«, und schlägt eines Tages vor, Ijob auf die Probe zu stellen, einen Mann, den Gott wegen seiner Untadeligkeit besonders schätzt. Würde Ijob seinen Schöpfer weiterhin loben, wenn man ihm all seine Besitztümer nähme und er von Krankheiten befallen würde? Ijob (2, 2)

Gott lässt also zu, dass Satan Ijob ins Unglück stürzt, unter der Bedingung, sein Leben zu schonen. Doch auch krank, von allen verlassen und bettelarm bleibt Ijob Gott treu. Natürlich wird er für seine Treue belohnt; auf der anderen Seite wird Satan aber nicht bestraft: Schließlich hat er nur seine Arbeit getan.

Auch im Fall von Zacharias stellt sich Satan auf die rechte Seite Jeschuas, um ihn anzuklagen. Da sagt der Engel des Herrn zu ihm: »Der Herr weise dich in die Schranken, Satan [...]!« Mit der Zeit beginnt der Teufel, alle Welt zu piesacken, aber stets handelt er dabei mit göttlicher Erlaubnis. Als Saul in tiefe Depressionen versinkt, weil er die Gunst Gottes verliert, heißt es zum Beispiel, »jetzt quälte ihn ein böser Geist, *der vom Herrn kam.*« Sacharja (Zacharias) (3, 2) 1 Samuel (16, 14)

Im Buch der Chroniken heißt es: »Der Satan trat gegen Israel auf und reizte David, Israel zu zählen.« Was in der Folge David den Zorn Gottes und Israel eine Pestepidemie einbrachte. Auch an dieser Stelle ist keineswegs die Rede davon, dass Satan in irgendeiner Form nicht gehorcht, selbst wenn man den Eindruck gewinnt, als nähme er sich bei jeder seiner Teufeleien mehr heraus. 1 Chroniken (21, 1)

Im rabbinischen Judentum wird Satan seiner Darstellung in der hebräischen Bibel gemäß betrachtet: Er steht in den Diensten Gottes und ist damit beauftragt, die Menschen als »Agent provocateur« zu versuchen, sie vor Gott anzuklagen und ihnen den Tod zu bringen. Er hat nur an einem einzigen Tag im Jahr Urlaub, nämlich am Versöhnungstag, Jom

Kippur. An diesem Tag verfügt Satan über keinerlei Rechte. Der Beweis: Im Hebräischen, wo jeder Buchstabe zugleich eine Zahl darstellt, beträgt der numerische Wert seines Namens *Ha-Satan* 364. Am 365. Tag hat Satan Ruhetag. *Quod erat demonstrandum.*

Neben seinen Amtsgeschäften als offizielle Nervensäge der Menschheit ist allerdings nirgendwo im Talmud oder in den Midraschim, den Kommentaren, zu lesen, Satan sei zugleich auch Chef aller unheilbringenden Geister.

Dabei gibt es im Alten Testament zahlreiche böse Geister, die in den unterschiedlichsten Gestalten auftreten. Man begegnet dort den *serafim* (geflügelten Flammengeistern), den satyrähnlichen *se'irim* (Waldteufeln) in Gestalt von Kühen oder Ziegen, den *siyyim* (heulenden Wüstentieren), *'ochim* (Klagetieren) in Form von Schakalen oder Eulen, den *iyyim* (Wölfen), Straußen, »Töchtern der Gefräßigkeit«, etc. Nicht zu vergessen die berühmte Lilit, das »Nachtgespenst« in Gestalt eines geflügelten weiblichen Dämons mit langen Haaren. Über sie, die die erste Frau Adams gewesen sein soll, kursieren zahlreiche furchterregende Legenden.

Jesaja (34, 14)

Der Glaube an Dämonen ist in der gesamten jüdischen Literatur tief verwurzelt. Häufig ist von *Masikim, Schedim* und anderen bösen Geistern die Rede. Während manche glauben, diese Wesen stammten – wie wir im vorherigen Kapitel gesehen haben – von den vorsintflutlichen Riesen ab, die aus der Vereinigung von gefallenen Engeln und Menschenfrauen hervorgegangen waren, heißt es im Talmud, die Dämonen seien von Gott selbst erschaffen worden, und zwar am sechsten Tag der Schöpfung, als Er bei Seinem Werk von der Nacht überrascht wurde: »Es sind die Dämonen, deren Seelen der Heilige Einzigartige (Er sei gesegnet) geschaffen hat; als Er aber gerade ihre Körper erschaffen wollte, trat die Heiligkeit des Sabbat ein, so dass Er ihre Körper nicht mehr erschaffen konnte. Dies möge Israel eine Warnung sein, beim Näherrücken des Sabbat rechtzeitig mit der Arbeit aufzuhören.«, heißt es in der jüdischen Überlieferung. Wie ließe es sich wohl auch sonst erklären, dass Gott, der vollkommen ist, derart unvollkommene, ja sogar eindeutig unangenehme Wesen erschaffen konnte?

Diese unvollendeten Dämonen, ob sichtbar oder unsichtbar, nehmen angeblich eine Stellung zwischen den Engeln und den Menschen ein: »Die Rabbanan lehrten: Sechs Eigenschaften besitzen die Dämonen, in dreien gleichen sie den Dienstengeln und in dreien gleichen sie den

Menschen. In dreien den Dienstengeln: sie haben Flügel, gleich den Dienstengeln, sie schwirren von einem Ende der Erde bis zum anderen umher, gleich den Dienstengeln, und sie wissen, was sich ereignen wird, gleich den Dienstengeln. […] In dreien den Menschen: sie essen und trinken, gleich den Menschen, sie pflanzen sich fort, gleich den Menschen und sie sterben, gleich den Menschen.« Die Dämonen sind überall; vorzugsweise halten sie sich jedoch in der Wüste, in Ruinen und an »unreinen Orten« auf. Sie sind geschlechtlich differenziert; von daher die Abenteuer der Inkuben (mit Frauen buhlenden männlichen Teufeln) und Sukkuben (mit Männern buhlenden weiblichen Teufeln), die mit Menschen Unzucht treiben.

Talmud, Hagiga (16 a)

Der Sefer ha-Sohar berichtet, Lilit, die Königin der Dämonen, würde Männer, die keine Frau haben, sexuell erregen, um mit dem Sperma, das sie daraufhin vergießen, Körper zu erzeugen. Theoretisch müsste also jeder Mann irgendwo in der Atmosphäre Dämonenkinder haben, Früchte seiner erotischen Träume und Selbstbefriedigungsaktivitäten.

Der Sohar (auch Sefer ha-Sohar)

Eine dritte Überlieferung behauptet, die Dämonen seien gefallene Menschen, Abkömmlinge der Erbauer des Turms zu Babel, die zur Strafe für ihren Stolz in Affen, Geister, Gespenster und Dämonen verwandelt wurden. Dazu muss man sagen, dass das jüdische Denken nicht dogmatisch ist, sondern eher als kaleidoskopisch beschrieben werden kann; es lebt von Widersprüchen, Fragen und plötzlich neu auftretenden Entwicklungen, nichts ist jemals eindeutig festgelegt. Im Gegenteil: Die Konklusion wäre das Ende der Heiligen Schrift.

Talmud, Sanhedrin (109 a)

Doch eines steht fest: Satan ist ein Engel, und als solcher kann er Gott nicht ungehorsam sein. Obwohl er hinsichtlich der Menschen voller böser Absichten steckt, setzt er diese ausschließlich mit der Erlaubnis Gottes in die Tat um. Die Dämonen im Talmud sind relativ brav; sie schaden den Menschen nur bei bestimmten Gelegenheiten und beruhigen sich, sobald ein Rabbiner ein paar passende Worte zu ihnen sagt.

In einer Apokryphe des 1. Jahrhunderts existiert jedoch auch eine später entstandene jüdische Überlieferung, die aus Satan einen ungehorsamen Engel macht: *Das Buch Adam und Eva*. Darin fordert der Erzengel Michael die anderen Engel auf, Adam, das Ebenbild Gottes, zu verehren. »Er selbst fiel aber als erster auf die Knie …« Doch Satan weigert sich und sagt: »Was drängst du mich? Ich werde ihn nicht anbeten, denn er ist geringer und jünger als ich.« Da wurde Gott der Herr zornig auf ihn und verbannte ihn mitsamt den Engeln, die er anführte.

Quelle: Alfred Pfabigan (Hg.), *Gottes verbotene Worte: Was die Bibel verschweigt*

Obwohl letzteres Beispiel in der jüdischen Vorstellungswelt kaum Schule machte, findet sich eine Spur davon, zusammengefasst in einem einzigen Satz, in Paulus' Brief an die Hebräer wieder:

»Wenn er aber den Erstgeborenen wieder in die Welt einführt, sagt er:

Hebräer (1, 6) Alle Engel Gottes sollen sich vor ihm niederwerfen.«

Doch im Folgenden wird nichts darüber gesagt, wie Satan dann tatsächlich reagierte …

Der Koran berichtet als einziger der offiziellen heiligen Texte darüber, wie es dem Teufel vor der Geschichte im Garten Eden erging. In Koran (7; 15; 20; 38) insgesamt vier Suren wird vom Fall Satans, der im Koran den Namen Iblis trägt, berichtet, darunter auch in Sure 38:

»Da dein Herr zu seinen Engeln sprach:

›Siehe, ich schaffe den Menschen aus Ton.

Drum, wenn ich ihn geformt und in ihn von Meinem Geiste geblasen habe, so fallet anbetend vor ihm nieder.‹

Und alle Engel warfen sich nieder insgesamt:

Außer Iblis. Er war hoffärtig und einer der Ungläubigen.

Er sprach:

›O Iblis, was hinderte dich, dich niederzuwerfen vor dem, was Ich mit meinen Händen erschuf?

Bist du etwa hoffärtig oder einer der Hochmütigen?‹

Er sprach:

›Ich bin besser als er, Du erschufst mich aus Feuer und hast ihn aus Ton erschaffen.‹

Er sprach:

›So gehe hinaus aus ihm [dem Paradies], denn siehe, du bist mit Steinen vertrieben;

und siehe, auf dir ist Mein Fluch bis zum Tag des Gerichts.‹

Er sprach:

›Mein Herr, so verzieh mit mir bis zum Tag der Erweckung.‹

Er sprach:

›Siehe, mit dir wird verzogen

bis zum Tag der bestimmten Zeit.‹*

Er sprach:

›Drum, bei Deiner Macht, wahrlich, verführen will ich sie insgesamt,

Koran (38, 71–83) außer Deinen Dienern unter ihnen, den lautern.‹«

---

* Gemeint ist das Jüngste Gericht.

Und mit Adam und Eva im irdischen Paradies wird er anfangen. In einer anderen Sure verkündet Satan Gott gegenüber haarklein, was er mit den Menschen vorhat: »Alsdann will ich über sie kommen von vorn und von hinten, von ihrer Rechten und von ihrer Linken, und nicht sollst Du die Mehrzahl von ihnen dankbar finden.« Koran (7, 17)

Satan war also Gott gegenüber ungehorsam, indem er sich weigerte, sich vor dem Menschen niederzuwerfen, einem Geschöpf, das ihm niedriger erschien als er selbst. Er wird daraufhin zwar ebenfalls verflucht, erhält aber von Gott die Erlaubnis, die Menschen zu schikanieren. Seine Macht ist jedoch begrenzt, denn gegen die wahren Gläubigen kann er nichts ausrichten. Sie sind nämlich ausreichend gewarnt: »O ihr, die ihr glaubt, tretet ein in das Heil insgesamt und folget nicht den Fußstapfen Satans; siehe er ist euch ein offenkundiger Feind.« – eine Warnung, die im Koran ständig wiederkehrt wie ein Refrain. Unter göttlicher Kontrolle, genau wie in der Bibel, versucht der Teufel, Gott zu beweisen, dass die Kreatur Mensch Seines Vertrauens unwürdig ist. Koran (2, 208)
Koran (12, 5; 17, 53; 35, 6; etc.)

Für die Muslime steht jedoch keineswegs fest, dass es sich bei Satan um einen Engel handelt, weil Engel per se vollkommen sind und Gott gegenüber gar nicht ungehorsam sein können. Iblis jedoch ist ungehorsam, weil er sich weigert, Adam zu verehren. Er kann daher kein Engel sein. Doch wenn er kein Engel ist, hätte der Befehl Gottes, der sich an die Engel richtete, für ihn gar nicht gegolten und infolgedessen wäre er auch nicht ungehorsam gewesen …

Die Überlieferung spricht sich dafür aus, dass es sich bei Satan um einen Dschinn handelt. Die Dschinns, Erben der biblischen Dämonen, vergleichbar mit den griechischen *daimon* aber typisch muslimisch, sind Mittlergeschöpfe zwischen den Menschen und den Engeln. Die Engel bestehen aus Licht, die Dschinns aus Feuer und der Mensch aus Erde. Dschinns können gut sein (wie der, der in Aladins Wunderlampe hauste), aber auch böse; in diesem Fall werden sie Šaiṭān genannt, »Teufel«.

Dschinns sind unsichtbar, können aber unterschiedliche Gestalten annehmen und in die Körper verschiedener Tiere fahren, zum Beispiel in Katzen, Vögel, Schlangen, Skorpione, Pferde oder Kamele. Mohammad Mokri sagt: »Ihre wahre Gestalt ist der menschlichen ähnlich, doch ihr Bauch besitzt keine Höhlung und keine Eingeweide, er ist wie ein Knochen. Sie essen nur, wenn sie wollen, schlafen sehr wenig und scheiden keine Exkremente aus.« Die Dschinns sind vernunftbegabt, geschlechtlich differenziert, können sich vermehren und sind sterblich.

Die Geschlechtlichkeit ist ein zusätzliches Argument dafür, Iblis als Dschinn zu betrachten. Er hat Kinder, die er auf den Impuls seiner Frau, der Wut, hin gezeugt hat, jedoch ganz allein: »Iblis hat zwei Geschlechter: das männliche auf dem rechten Bein, das weibliche Geschlecht auf dem linken Bein. Er befruchtet sich selbst und legt zehn Eier pro Tag. Aus jedem Ei schlüpfen 70 Šaiṭān und Šaiṭāna. Es gibt nämlich sowohl männliche als auch weibliche Teufel. Wie alle Dschinns vermehren sie sich schneller als andere Wesen, da sie eine feurige Natur besitzen.«

Quelle: Toufic Fahd, *Histoire des religions*, (Vol. III, *L'islam et ses sectes*)

Den Legenden zufolge nannte sich Satan-Iblis vor der Schöpfung Adams Azazil. Er war ein sehr schöner und sehr frommer Dschinn. Mit der Erlaubnis Gottes nahmen ihn die Engel mit hinauf in den Himmel, wo er ihr Oberhaupt und ihr Lehrer wurde. Des Nachts hielt er sich im Himmel auf, bei Tag weilte er auf der Erde, wo er dafür verantwortlich war, die Dschinns auf den rechten Weg zu geleiten. Doch seine privilegierte Stellung stieg ihm irgendwann zu Kopfe und er weigerte sich, Adam zu verehren.

Satan gilt zwar als der Vater einer Vielzahl von Šayāṭīn, doch keineswegs als Anführer von Legionen aufständischer Engel. Dabei handelt es sich um eine typisch christliche Vorstellung, die im Laufe der Jahrhunderte immer weiter ausgearbeitet wurde.

Zu der Zeit, als die Verbreitung des Korans ihren Anfang nahm, hat das Christentum die Vorstellung von den Dämonen als Sprösslingen von Menschen und Engeln bereits aufgegeben. Origenes war der erste, der im 3. Jahrhundert die Berichte des Buchs Henoch auf die Müllhalde der Apokryphen warf. Unter seinem Einfluss hörten seit dem 4. Jahrhundert zunächst die griechische, dann auch die römische Kirche auf, Dämonen als halb engelhafte, halb menschliche Wesen zu betrachten. Stattdessen sah man sie nun als dem Satan untergeordnete Engel, die zur gleichen Zeit wie er gefallen waren. Origenes fand einen Beleg für ihren Ursprung in der Offenbarung des Johannes: »Da entbrannte im Himmel ein Kampf; Michael und seine Engel erhoben sich, um mit dem Drachen zu kämpfen. Der Drache und seine Engel kämpften, aber sie konnten sich nicht halten, und sie verloren ihren Platz im Himmel.«

Offenbarung (12, 7–9)

Der Text nennt zwar nicht die genaue Anzahl der gefallenen Engel, aber ein bestimmtes Verhältnis zu den anderen: »Sein Schwanz [der des Drachen] fegte ein Drittel der Sterne vom Himmel und warf sie auf die Erde herab.« Daraus schloss man, dass ein Drittel der Engel fiel.

Offenbarung (12, 4)

Obwohl die Offenbarung vom Ende der Welt und nicht von ihrem

Ursprung kündet, verbreitete sich diese Erklärung allmählich als die einzig wahre.

Bis zu Origenes sah man die Art der Verfehlung Satans mehr oder weniger genauso, wie der Koran berichtet: Satan war eifersüchtig auf Adam, den Menschen. Nachdem Gott Adam dazu ausersehen hatte, sich die Erde Untertan zu machen, stellte Satan − wütend über den Verlust seiner Vorrechte − ihm im Garten Eden eine Falle, indem er Adam zu derselben Sünde verleitete, die er selbst begangen hatte. Für alle Welt war sonnenklar − auch wenn es weder bei der breiten Masse noch bei Theologen für besondere Aufregung sorgte −, dass die Sünde Satans der Neid war.

Aber Origenes versetzte auch dieser Theorie einen kräftigen und definitiven Tritt. Für ihn war Satan nämlich bereits *vor* der Erschaffung Adams dem Bösen verfallen: »Er war ein Mörder von Anfang an«, sagt Johannes (8, 44) Jesus, und daher musste die Erklärung seines Falls anderswo gesucht werden als in seinem Neid auf die Menschen, die zu diesem Zeitpunkt noch gar nicht existierten. Origenes findet sie beim Propheten Jesaja, in seinem »Spottlied auf den König von Babel« und der Beschreibung von dessen Tod. Kein Zweifel, dass es sich hierbei um den Teufel handeln muss und sich diese Worte nur an ihn richten können: »Ach, du bist vom Himmel gefallen, du strahlender Sohn der Morgenröte. Zu Boden bist du geschmettert, du Bezwinger der Völker. Du aber hattest in deinem Herzen gedacht: Ich ersteige den Himmel: dort oben stelle ich meinen Thron auf, über den Sternen Gottes; auf den Berg der (Göt-ter)versammlung setze ich mich, im äußersten Norden. Ich steige weit über die Wolken hinauf, um dem Höchsten zu gleichen. Doch in die Unterwelt wirst du hinabgeworfen, in die äußerste Tiefe.« Der Engel, Jesaja (14, 12−15) der hier »Sohn der Morgenröte« genannt wird, oder auch Luzifer, »der, der das Licht trägt«, war durch seinen Stolz auf die schiefe Bahn geraten. Bei Ezechiel gibt es ein weiteres Beispiel dafür, wie es denen ergeht, die glauben, sie seien wie Gott: »Einem Kerub mit ausgebreiteten, schützenden Flügeln gesellte ich dich bei. [...] Hochmütig warst du ge- Ezechiel (28, 14, 18) worden, weil du so schön warst«, heißt es über den Fürsten von Tyrus. »Doch du bist nur ein Mensch und kein Gott, obwohl du im Herzen Ezechiel (28, 2) geglaubt hast, dass du wie Gott bist.«

Similis ero Altissimo: »Ich steige [...] hinauf, um dem Höchsten zu gleichen«, das war der Fehler Satans. Ein geistiges Geschöpf kann keine fleischlichen Sünden begehen, es kann nur spirituell sündigen. Nun handelt es sich zwar bei Neid um eine fleischliche Sünde – nicht jedoch bei Stolz, der Nummer eins unter den Top 50 aller Todsünden. Woher kommt dieser teuflische Stolz? Hierzu gibt es unterschiedliche Hypothesen. Schließlich ist Satan, ein Serafim erster Klasse, alles andere als ein Dummkopf, sondern, im Gegenteil, von überragender Intelligenz.

Rupert von Deutz* zum Beispiel erklärt, Luzifer, der sich selbst geblendet habe, hätte sich vor den anderen Engeln gebrüstet, sich selbst erschaffen zu haben. Die Engel konnten ihm nichts darauf erwidern, denn da er als erster geschaffen worden war, gab es dafür keinen anderen Zeugen als Gott selbst. Satan habe also versucht, sich vor seinesgleichen für Gott auszugeben. Der heilige Thomas von Aquin war der Meinung, Satan habe sich selbst als Urheber seines eigenen Glücks betrachten wollen, um sich dadurch Gott ähnlich zu machen. Suárez** hingegen fand, die These des heiligen Thomas sei eines überragenden Geistes, wie ihn Luzifer darstellt, unwürdig, und formulierte eine eigene. Er glaubte, dass Gott von Anfang an den Engeln seinen Plan bekannt gemacht hatte, in Jesus Sein Wort mit einem Menschen zu vereinen. Satan sei wütend gewesen, weil dieses Privileg einem Geschöpf der menschlichen Rasse zukommen sollte anstatt dem perfektesten Wesen überhaupt: dem Engel, und zwar dem perfektesten von ihnen allen, nämlich ihm selbst.

Diese Debatten sind noch längst nicht abgeschlossen; höchstens, was die Kernaussage betrifft, ist man sich einig: Satan wollte wie Gott sein. Zumal dies nicht nur eine Erklärung für das wäre, was er zu Eva sagt: »Ihr werdet wie Gott«, sondern auch für die Art und Weise, wie er sich in den Evangelien Jesus gegenüber verhält. Nachdem Jesus vierzig Tage in der Wüste gefastet hatte, traf er den Teufel und dieser stellte ihn dreimal auf die Probe. Dabei ähnelt die dritte Versuchung stark der Szene, die im Koran beschrieben wird:

»Wieder nahm ihn der Teufel mit sich und führte ihn auf einen sehr hohen Berg; er zeigte ihm alle Reiche der Welt mit ihrer Pracht und sagte zu ihm:

Das alles will ich dir geben, wenn du dich vor mir niederwirfst und mich anbetest.

Da sagte Jesus zu ihm:

---

* im 12. Jahrhundert Benediktinerabt von St. Heribert in Deutz, heute ein Stadtteil von Köln

** Francisco Suárez, spanischer Philosoph und Theologe (1548–1617)

Weg mit dir, Satan! Denn in der Schrift steht: Vor dem Herrn, Matthäus (4, 8 – 10) deinem Gott, sollst du dich niederwerfen und ihm allein dienen.«

An dieser Stelle zeigt sich der Teufel ganz deutlich als Rivale Gottes auf Erden, doch Jesus, der ihn »Fürst dieser Welt« nennt, verweist ihn in die Schranken dieses eng begrenzten Gebietes: Gewiss, die materiellen Güter, die Macht und der Ruhm gehören ihm. Aber nur hier unten. Wie Jesus, Exorzist zahlreicher Dämonen, wiederholt betont, ist Sein Reich nämlich »nicht von dieser Welt«.

Wie wir gesehen haben, ist Satan der Feind des Menschen. Die Existenz Jesu, zugleich Mensch und Gott, lässt ihn dann endgültig außer sich vor Zorn geraten: Der höfliche Ankläger der Menschheit rast. Jesus bezwingt ihn; aber nicht etwa durch eine Demonstration seiner göttlichen Allmacht, sondern im Gegenteil durch die Preisgabe seiner menschlichen Schwäche – durch seine Demut. Indem er stirbt, erleidet er jene Strafe, die der Teufel selbst über die Menschen gebracht hat. Damit die Menschheit durch Ihn die endgültige Erlösung findet, »[…] hat er […] Fleisch und Blut angenommen, um durch seinen Tod den zu entmachten, der die Gewalt über den Tod hat, nämlich den Teufel«, heißt es in Hebräer (2, 14) einem der paulinischen Briefe. Durch seinen Tod, seine scheinbare Niederlage, hat Jesus den Tod besiegt. Satan hingegen wird niemals sterben* und weiß sich von vornherein verloren – was nicht gerade dazu beiträgt, ihn zu beruhigen.

Es ist Jesu zweifache Natur, menschlich und göttlich zugleich, die die Wut des Teufels entfacht, und dies ist der Grund, weshalb er im Christentum eine wesentlich größere Rolle spielt als in irgendeiner anderen Religion. Und Satan kann sich um so ungehemmter ausbreiten, als die Christen, denen im Gegensatz zu Juden und Muslimen die bildliche Darstellung nicht verboten ist, es sich nicht nehmen lassen, den Feind und seine Handlanger zu malen und bildhauerisch darzustellen. Die struppigen kleinen Teufelchen im »Punk-Look«, die man in der romanischen Abteikirche von Vézelay (11. – 13. Jahrhundert) besichtigen kann, sind nur eines von vielen Beispielen.

Alle christlichen Theologen sehen in Satan einen gefallenen Engel, »einen Außerirdischen, der die Welt für gewisse Zeit besetzt«, wie Chesterton ihn nennt, sowie den ersten aller Engel. Doch obwohl der

---

* Für den Teufel, seine Engel und seine Anhänger ist das ewige Feuer bestimmt: s. Matthäus (24, 41).

Teufel und seine Ausgeburten der Hölle unsichtbare reine Geister sind, hindert sie dies doch keineswegs daran, in Gestalt schrecklicher Tiermonster, menschlicher Wesen oder sogar Engel zu erscheinen, um die Christen zu quälen, vorzugsweise Heilige. Pater Claude Nicolas, Exorzist in Notre Dame de Paris, weiß eine sehr plausible Erklärung dafür, warum das so ist: »Die meisten Leute führen ein so verwerfliches Leben, dass der Teufel keinerlei Grund hat, sich ihnen gegenüber äußerlich zu manifestieren, wo er doch bereits in ihren Herzen wirkt. Vielmehr sind es die Mystiker, die zum Objekt teuflischer Quälereien werden.«

Von Geheimnissen und Wundern des Caesarius von Heisterbach

Vom heiligen Paulus* über den Pfarrer von Ars und die berühmten Versuchungen des heiligen Antonius, vom Raben des heiligen Benedikt bis hin zu Sankt Martin, der sah, wie der Teufel versuchte, die Gestalt Christi anzunehmen, gibt es unzählige Beispiele dafür. Im 13. Jahrhundert erklärte ein deutscher Zisterziensermönch in einem für die Novizen bestimmten Werk, dass Teufel sogar in der Lage wären, Nahrungsmittel zu verseuchen: Ein Dämon könne sich zum Beispiel in einem Glas Milch verstecken, und wenn man es trinke, sterbe man daran. Zu Beginn des 15. Jahrhunderts geriet die heilige Franziska von Rom so außer sich bei dem Gedanken daran, der Teufel könne ihr an den Haaren ziehen, dass sie sie abschneiden ließ und fortan einen Schleier trug. Im 19. Jahrhundert erhielt der Pfarrer von Ars dreißig Jahre lang Nacht für Nacht turbulenten Besuch von dem, den er »Grappin«** nannte. Dieser zerriss die Bettvorhänge, hobelte die Fußbodenbretter, ließ die Wände seines Schlafzimmers erbeben – und legte sogar Feuer! »Da er den Vogel nicht haben konnte, wollte er den Käfig verbrennen«, kommentierte der heilige Pfarrer ungerührt: »Seitdem wir miteinander zu tun haben, kennen wir uns, wir sind Kameraden … Der Teufel ist sehr schlau, aber nie stark … Ein Kreuzzeichen schlägt ihn in die Flucht.«

Übrigens beschränken sich diese teuflischen Besuche nicht nur auf Katholiken: Martin Luther zum Beispiel sah den Teufel in Affen und Papageien, Tieren, die den Menschen oder dessen Stimme geschickt nachahmen können. Luther berichtet davon, dass er sich 1521, nachdem

---

* »[Mir wurde] ein Stachel ins Fleisch gestoßen: ein Bote Satans, der mich mit Fäusten schlagen soll, damit ich mich nicht überhebe.« 2 Korinther (12, 7)

** »Mit ›Grappin‹ bezeichnet Vianney den Teufel. So heißt bei den Bauern eine dreizinkige Gabel, wie sie damals gebräuchlich war«, schreibt Michel de Saint-Pierre in *Der Pfarrer von Ars: Das Leben des Johannes Maria von Vianney*.

er sich in Folge seines Bruchs mit Rom auf die Wartburg geflüchtet hatte, gegen den Teufel kämpfen musste, der ihn aus dem Ofen in seinem Schlafzimmer heraus mit Haselnüssen bombardierte. Luther fügt hinzu, dass er sich von seinem Bett aus verteidigte, indem er ihm ein Tintenfass ins Gesicht warf.

Und das gewiss ist nicht erfunden.

Die mephistophelischen Geschichten von Pakten mit dem Teufel, die in der Literatur, im Theater und in der Oper so weite Verbreitung fanden, gehen auf die Geschichte vom *Wunder des Theophilus* zurück, die sich bereits im frühen Mittelalter größter Beliebtheit erfreute. Die Handlung spielt im Jahr 537 im Orient. Theophilus, Stellvertreter und Repräsentant des Bischofs von Adana in der Türkei, ist ein so tugendhafter Mann, dass das Volk ihn nach dem Tod seines Bischofs zu dessen Nachfolger wählen möchte. Doch der bescheidene Theophilus lehnt ab, um Stellvertreter des neuen Bischofs zu werden. Daraufhin versucht und bearbeitet ihn der Teufel unablässig, bis er ihn dazu bringt, die Macht zu begehren, die er zunächst abgelehnt hat. Das führt so weit, dass Theophilus einen Zauberer aufsucht und sich dazu verpflichtet, seine Seele der Hölle auszuliefern, wenn Satan im Gegenzug verspricht, ihm weltlichen Ruhm zu verschaffen. Der Pakt wird auf einem Pergament festgehalten, Theophilus unterzeichnet, der Teufel erscheint und nimmt das Dokument mit.

Von diesem Moment an gelingt Theophilus einfach alles; man überhäuft ihn mit Ehren und Geschenken. Doch er wird von Gewissensbissen geplagt und von dem Gedanken an sein Verbrechen gequält. Eines Nachts schläft er in der Kirche ein, nachdem er zuvor zur heiligen Jungfrau gebetet hat. Er träumt, Maria erscheine ihm, vergebe ihm seinen Fehler und schenke ihm das Pergament wieder, das sie dem Teufel entrissen hat. Und als er erwacht, hält Theophilus tatsächlich das Pergament in der Hand. Außer sich vor Freude beichtet er seinen Fehler dem Bischof, erzählt ihm alles von seinem Verbrechen und seiner Vergebung und stirbt nur wenige Tage später als frommer Mann.

Quelle: Emile Mâle, *Die kirchliche Kunst des XIII. Jahrhunderts in Frankreich*

Diese Geschichte wurde zunächst von einem neapolitanischen Diakon ins Griechische übersetzt, dann von einem Bischof in Reime gefasst, von Gautier de Coincy in *Les Miracles de Notre-Dame* interpretiert, im 11. Jahrhundert beim Gottesdienst für die heilige Jungfrau in der Liturgie gesungen, im 13. Jahrhundert vom Dichter Rutebeuf in *Le Miracle de Théophile* (»Das Mirakelspiel von Theophilus«) zum Mysterium erhoben, in die *Legenda aurea* des Jakobus de Voragine aufgenommen, am Nordportal von Notre-Dame in Paris sowie dem Westportal der Kathedrale von Lyon in Stein gehauen und auf den Fenstern der Kathedralen von Le Mans, Chartres, Laon, Beauvais und Troyes abgebildet. Kurzum: Sämtliche Medien der damaligen Zeit griffen das Thema auf.

Im Glaubensbekenntnis, dem *Credo* der Katholiken, taucht der Teufel zwar nicht auf, aber im *Pater Noster*, dem Vaterunser, spielt er eine Rolle, dem Gebet, das alle Christen sprechen: *Et ne nos inducas in tentationem, sed libera nos a Malo*, was gelegentlich erstaunlicherweise mit den Worten: »Und führe uns nicht in Versuchung, sondern erlöse uns von dem Übel« übersetzt wurde, obwohl es eigentlich bedeutet: »Lass uns nicht der Versuchung verfallen, sondern erlöse von dem Bösen«, denn, wie der Katechismus selbst sagt: »Das Böse stellt in dieser Bitte keine Abstraktion dar, sondern es bezeichnet eine Person, Satan, den Teufel, den Engel, der sich Gott entgegenstellt.« *Das* Böse stellt jedoch in gewisser Weise eine präsentablere, diskretere und rationalere Erscheinung dar als der Böse, jener alte haarige Teufel, wie Dante ihn beschrieb: riesig, dreiköpfig, mit »zwei großen Flügeln, wie es wohl sich schickt. [...] Nicht haben Federn sie. Ihr Antlitz weiset ganz das der Fledermaus. [...] Er weinet mit sechs Augen. Mit den Tränen tropft blut'ger Schaum von jedem Angesicht.« Dieser hässliche Teufel verschwand schließlich nach den Direktiven des guten Geschmacks, die auf dem Konzil von Trient (1563) erlassen wurden, aus den Kirchen.

Auf ihrem letzten, dem II. Vatikanischen Konzil, hat die katholische Kirche (der manchmal mehr daran gelegen scheint, die Fortschrittsfeindlichkeit aus ihren Reihen zu vertreiben als den Teufel) zahlreiche Engel, ob gute oder schlechte, aus ihrer Liturgie hinausgekehrt. Manche Theologen sollen sogar versucht haben, sie gänzlich ins Reich der Mythologie zu verweisen. Doch die Realität sieht Gott sei Dank anders aus. So unterhält beispielsweise die Kirche in Frankreich bis heute einen Teufelsaustreiber pro Diözese, dessen Konsultation, für die ihm die Leute förmlich die Türen einrennen, übrigens nicht nur den Katholiken vorbehalten ist. Hört, hört!

Das Problem der Quadratur des Teufelskreises stellt sich für alle drei monotheistischen Religionen gleichermaßen: Man muss sich fragen, wo so viel Hass eigentlich herrührt und woher das Böse überhaupt stammt, da Gott doch zugleich unendlich gut und gnädig, andererseits aber auch allmächtig ist.

Ecclesia Catholica: Katechismus der katholischen Kirche (Paragraph 2851)

Dante Alighieri, *Die göttliche Komödie* (»Inferno«, 34. Gesang)

Die Juden betrachten den Teufel als einen Engel, der laut den Gelehrten der Mischna folgende Aufgaben hat: Er steigt herab und verführt, dann fährt er auf und klagt an, und schließlich, wenn er die Erlaubnis dazu erhalten hat, nimmt er das Leben.

Bei den Muslimen gilt Satan als Dschinn, Iblis, der sich dagegen wehrte, dass Gott ein Wesen in das Zentrum seiner Schöpfung stellte, welches nicht absolut perfekt war: Durch seine Intelligenz und seine Schönheit ist der Engel dem Menschen überlegen, aber dennoch erwählte Gott den Menschen zu seinem Stellvertreter auf Erden. Aus den Himmeln vertrieben, besitzt der Teufel das Recht, die Menschen bis zum Tag des Jüngsten Gerichts zu plagen.

Die Christen sehen in Luzifer ebenfalls einen Engel, der sich gegen den göttlichen Plan aufgelehnt hat. Ursprünglich gut erschaffen, ist er aus sich selbst heraus böse geworden und reißt alle Menschen auf der Erde – wohin er mit seinen Engellegionen vertrieben wurde – mit sich fort ins Verderben und in den Tod. Seine mörderische Wut ist umso größer, als sich Gott (in Jesus Christus) zum Menschen gemacht hat. Jeder einzelne Mensch, der der Versuchung des Bösen erliegt, steht unter seinem Einfluss.

In jedem Fall wird Satan als ein Wesen von überragender Intelligenz dargestellt, das versucht, Gott zum Narren zu machen. Doch Gott ist kein Narr, sondern gütig. Darin besteht seine göttliche Torheit. Er hat entschieden, sein Werk weder auf Schönheit noch auf Intelligenz zu gründen, den Eigenschaften der Engel, sondern auf Güte. Als Er die Welt erschuf, heißt es nicht an einer einzigen Stelle, dass Er sie für schön oder intelligent gehalten hätte, sondern es wird nur ständig wiederholt: »Gott sah, dass es gut war.« Er ist durch und durch Güte, und Er hätte gern gewollt, dass auch die Menschen gut wären, »nach seinem Abbild, nach dem Abbild Gottes«, so, wie er sie erschaffen hatte, bevor der Böse ihnen einflüsterte, dass sie ganz schön dumm wären, wenn sie in dieser Richtung weitermarschieren würden.

Der Trick des Teufels besteht darin, Güte in den Augen der Menschen wie Dummheit aussehen zu lassen. Und das fällt ihm nicht schwer: Wenn es eines gibt, was der Mensch, von Natur aus ein halbes Tier, nicht ertragen kann, dann ist es, für einen Einfaltspinsel gehalten zu werden!

Baudelaire war der Meinung, zur schlauesten List des Teufels gehöre es, uns glauben zu machen, er existiere gar nicht. Im 20. Jahrhundert riss ihm nicht zuletzt André Malraux mit seinem Scharfsinn die Maske

André Malraux,
Antimemoiren

herunter, der der Meinung war, mit den Konzentrationslagern sei der Teufel wieder sichtbar auf der Erde erschienen … Unverkennbar tragen die Gräueltaten des Naziregimes die schreckliche Signatur Satans. Ein Volk, das sich selbst als »arische Rasse« bezeichnet, geblendet einzig und allein von seiner eigenen vermeintlichen Schönheit, das beschließt, die Welt nach seinem langköpfigen Abbild neu zu erschaffen, indem es vorrangig das von Gott auserwählte Volk ausrottet, welches genau dadurch zum peinlichsten Zeugen seines Verbrechens wurde … Manch einer findet es sogar bedeutsam, dass die Nazis ausgerechnet am 8. Mai 1945 kapitulierten, dem Tag des heiligen Michael, des Engels, der den Teufel aus dem Himmel vertrieb.

Selbst wenn Satan der erste Engel ist, dem man in der Bibel begegnet, so möchte ich an dieser Stelle doch gern meinen Freund, den sanften Pater Matthieu zitieren, der einmal bemerkte: »Dieser da ist nicht mein Lieblingsengel.«

KAPITEL V

*In dem wir uns ein wenig dabei entspannen, das weite
Feld der Engelsmissionen auf der Erde in seiner ganzen
Vielfalt zu überfliegen:
ob im Einsatz als Spione, Soldaten, Reiter, Artilleristen,
Gendarmen, Bodyguards, Feuerwehrleute, Dompteure,
Musiker, Gastwirte, Kellner, Kuppler, Sargträger oder
Astrophysiker – Engel kennen keine Arbeitslosigkeit.*

*In dem wir jene naiven Menschen eines Besseren
belehren, die sie für nutzlos halten.*

Die Jobs der Engel

Wozu sind Engel da? Wenn man diesen Punkt einmal näher unter die Lupe nimmt, wird man sich bald fragen, wozu sie eigentlich nicht da sind.

In der Tat definiert sich der Engel, dessen Name »Bote« bedeutet, nicht durch seine Natur, sondern durch seine Funktion. Er ist Profi bis in die äußersten Flügelspitzen hinein und lässt kaum andere Merkmale seines Wesens erkennen als die Flinkheit des perfekten Himmelsbeamten. Doch dies bedeutet keineswegs, dass alle Engel denselben Beruf ausüben, ganz im Gegenteil: »Es wurde gelehrt: Ein einziger Engel erfüllt nicht zwei Missionen, und zwei Engel erfüllen nicht dieselbe Mission.« Die Vielfalt der Pflichten, die ihnen obliegen, ist gigantisch – wenn sie zur Erde hinunterkommen jedenfalls. Bringen wir es auf den Punkt: Wenn es die Engel nicht gäbe, würde die Welt aufhören, sich zu drehen.

Midrasch
Bereschith Rabba (50)

Offensichtlich kennen Engel keine Gewerkschaften: Sie arbeiten Tag und Nacht ohne zu schlafen. Von der Fünfunddreißig-Stunden-Woche sind sie weit entfernt und haben noch nicht einmal am Wochenende frei. Außer den Hochrangigen: »Und allen Engeln des Angesichts und allen Engeln der Heiligung, den beiden großen Geschlechtern, uns sagte er dies, wir sollten mit ihm Sabbat halten im Himmel.« Die einfachen Engel jedoch dürfen nicht ruhen, weil sonst das Leben auf der Erde völlig erlahmen würde.

Buch der Jubiläen 2

Die höherrangigen Engel, die bei weitem die Mehrheit ausmachen, steigen niemals vom himmlischen Hofe hinunter, mit Ausnahme von Michael, Gabriel und Rafael. Außer einigen wenigen überragenden Mystikern, deren Seele erhaben genug ist, um in diese höheren Sphären emporgezogen zu werden, haben gewöhnliche Sterbliche also ausschließlich mit der proletarischen Minderheit der Engel zu tun.

Es folgt nun eine kleine – keineswegs erschöpfende – Auswahl der Berufe, die sie bei uns auf der Erde ausüben.

C.I.A.: Celestial
Intelligence Agency

Engel sind hervorragende Geheimagenten und für diesen gefährlichen Beruf einfach hervorragend geeignet; der Beweis: In den meisten Fällen operieren sie absolut unsichtbar!

Wenn es ihr Auftrag verlangt, nehmen sie eine menschliche »Tarnidentität« an. Am spannendsten sind die Abenteuer des Engels Rafael im Buch Tobit. Er erfüllt seine Mission unter einer falschen Identität, die er auf die Frage nach seiner Herkunft ohne mit der Wimper zu zucken herunterbetet: »Ich bin Asarja, der Sohn des großen Hananja, einer von den Brüdern deines Stammes«, sagt er zu Tobit, der zwar blind, aber nicht taub ist. Der alte Mann engagiert ihn für eine Drachme pro Tag, und der Engel begleitet ihn und seinen Sohn Tobias auf ihrer Reise. Tobit erlangt sein Vermögen zurück, Tobias findet eine Frau, der Engel verscheucht den Dämon Aschmodai und schenkt schließlich nach der Hochzeit, bei seiner Rückkehr, Tobit das Augenlicht wieder. Als der Alte, von Dankbarkeit überwältigt, ihm mehr Geld geben will als vereinbart, verrät ihm Rafael sein Geheimnis: »Ich will euch nichts verheimlichen; ich habe gesagt: Es ist gut, das Geheimnis eines Königs zu wahren, die Taten Gottes aber soll man offen rühmen. [...] Ich bin Rafael, einer von den sieben heiligen Engeln, die das Gebet der Heiligen emportragen und mit ihm vor die Majestät des heiligen Gottes treten.« Natürlich wäre die gesamte Verwandtschaft vor Schreck beinahe in Ohnmacht gefallen, doch der Engel beruhigt sie und versichert ihnen wiederholt – wie es bei Engeln so üblich ist –, sie müssten nicht ihm danken, sondern Gott. Dann fügt er hinzu, er habe die ganze Zeit nur so getan, als äße er mit ihnen, womit er ein typisches Täuschungsmanöver göttlicher Geheimagenten enthüllt, wie man es schon seit dem vorgetäuschten Picknick der drei Engel mit Abraham bei den Eichen von Mamre vermutet hat.

Auf der Erde verrät ein Engel, zur Verzweiflung unseres Freundes Mr. Chatterton, seinen wahren Namen im Allgemeinen nicht, es sei denn nach Erfüllung seiner Mission, kurz vor seiner Rückkehr in den Himmel. Aus – mindestens – drei Gründen bleibt er lieber inkognito.

Zum einen, weil nach seiner Ankündigung, er sei ein Engel, unweigerlich Folgendes passiert: Die Leute zittern vor Angst, sie fallen in Ohnmacht oder sie kriechen auf allen vieren auf dem Boden herum, was ein ebenso drastisches wie peinliches Schauspiel darstellt. Deswegen steht im Handbuch für die Konversation zwischen Engeln und Menschen an erster Stelle der berühmte Satz: »Fürchtet euch nicht!« Ihn muss ein Engel mindestens zweimal wiederholen, bevor der Erdling seine Fassung wiedergewinnt.

Der zweite Grund ist folgender: Ein Engel hat im Namen Gottes, für Ihn und in seinem Auftrag eine Mission zu erfüllen; sein Ziel ist es also, dass man Gott rühmt und nicht ihn selbst. Engel zeigen keine Spur von Eitelkeit oder Selbstverliebtheit, sondern sind ihrem Chef absolut treu ergeben. Der Chef ist alles, der Engel ist nichts.

Der dritte Grund ist, dass die Menschen ihrerseits sehr empfänglich für Götzenanbetung und Zauberei sind. Wenn der Engel ihnen seinen Namen verraten würde, wären sie versucht, ihn »umzudrehen« und ihn für ihre Zwecke zu missbrauchen. Sie würden ihn nur zu gern zu einem Doppelagenten machen, zum Beispiel mithilfe von Amuletten oder allen möglichen Arten von praktischen Ratgeber-Heftchen, wie man sie heutzutage im Handel findet.

Letztere gibt es übrigens nicht erst seit gestern. Im mittelalterlichen Judentum erteilte das Buch Rasiel (bei dem es sich angeblich um eine Offenbarung des Engels Rasiel Adam gegenüber handelte und das über Abraham und Mose überliefert sein sollte) Anweisungen, wie man je nach Monat, Tag und Stunde die Engel anrufen könne, um alles von ihnen zu erlangen, was man nur wolle. Diese Annahme, kein Engel könne widerstehen, wenn man ihn zur rechten Zeit und am rechten Ort beim Namen rufe, erinnert an die götzendienerischen alten Ägypter und riecht doch sehr nach Aberglauben!

Gefälschte Papiere

Man muss jedoch wissen, dass man die wirklichen Namen der Engel (wer könnte sie aufzählen?) noch nicht einmal kennen muss, um sie zu versklaven. Es reicht, x-beliebige Namen für sie zu erfinden. Da »die Engel den Namen ihrer Funktionen tragen«, wie es im Buch Rasiel heißt, erweist sich die Fabrikation von Engeln als recht simpel. Man nehme ganz einfach die drei Engelnamen, die in der Bibel stehen – Michael, Gabriel und Rafael – und beachte folgendes einfache Sprachrezept:

»In der hebräischen Sprache genügt es, das Suffix *el* an den Namen für einen Gegenstand oder eine Funktion anzuhängen, um ihm eine engelhafte Dimension zu verleihen. ›Kraft‹ heißt zum Beispiel *gevura*. Mit einem *el* darangehängt erleben wir die Geburt des Engels *Gavriel* oder Gabriel, des Boten der Kraft. ›Heilung‹ heißt *rephoua*; indem man ihr ein *el* schenkt, erscheint vor uns der Engel Rafael, etc. Nach diesem Beispiel kann praktisch jedes Ding zum Engel werden, sobald es jenes göttliche Adelsprädikat trägt, welches die Buchstabenkombination *el* darstellt: Sie bedeutet nichts anderes als ›Gott‹. So findet man beispielsweise auch *Ruhiel*, den Engel des Windes *(ruah)*, *Chalgiel*, den zuständigen Engel für Schnee *(cheleg)*, sowie *Matariel* und *Kokhavie*l, verantwortlich für den Regen und die Sterne.«

Marc-Alain Ouaknin,
Le Réveil des anges

Jeder kann bei diesem kleinen Spiel mitmachen: Was würden Sie zum Beispiel von dem Engel *Marcel* halten, dem Engel für den Monat März, der vor Graupelschauern schützt und dessen Flügel aus einem unmöglichen Männerunterhemd herausragen würden?

Moïse Schwab,
*Vocabulaire de
l'angélologie*

Im Jahr 1893 inventarisierte Moïse Schwab, ein geduldiger Gelehrter, auf 426 Seiten in alphabetischer Reihenfolge die Namen aller Engel oder angeblicher Engel, die er in den hebräischen Manuskripten der Nationalbibliothek, wo er arbeitete, gefunden hatte. In seinem Werk kann man entdecken, dass *Auhabiel*, »der von Gott Geliebte«, mit der Liebe beauftragt ist, *Poumel* indessen, »der Mund Gottes«, mit dem Schlagen der Verdammten in der sechsten Abteilung der Hölle. *Qeccefel* ist der Engel der Wut, *Isdra* der der Nahrung und *Samariel* ein »Säuseln Gottes«. Einer Frau, die die Schmerzen der Geburt erleidet, muss man den Namen von *Elarouss* ins Ohr flüstern, dem Engel der Verlobung, und wenn man das Gedächtnis verliert, muss man den Namen *Aunsiels*, des Engels der Beschränkung, auf einen Weizenmehlkuchen schreiben und diesen dann aufessen. *Anfiel*, »das Antlitz Gottes«, rettet vor Sturm; gegen wilde Tiere muss man *Aftiel* anrufen, den Engel der Abenddämmerung, oder *Bahaliel*, den Engel des Entsetzens, der denselben Zweck erfüllt. *Dahariel* ist der »Galopp Gottes«. *Zediel*, ein etwas boshafter Engel, und *Hazirel*, das »Schwein Gottes«, Symbol des Unrats, haben einen schlechten Ruf. *Tubiel* hingegen, der Gazellenengel, wird angerufen, um kleine Vögel am Wegfliegen zu hindern.

Engels-Inschriften in dieser Tradition fand man zum Beispiel unter anderem auf Tontöpfen, Löffeln und alten Bettpfosten. Seriöse Leute sahen so etwas gar nicht gern: Die Rabbiner sprachen in diesem Zusammenhang etwa vom »Urwald des mittelalterlichen Mystizismus« und erinnerten daran, dass »Zauberei nicht gegen Jakob [wirkt]« und »Be-

schwörung nicht gegen Israel [hilft]« und im Übrigen gar nicht erst Numeri (23, 23)
angewandt werden sollte. Denn, so sagte schon Rabbi Jomtov Lipman
Mühlhausen Ende des 14. Jahrhunderts: Jeder Mittler zwischen dem
Menschen und seinem Schöpfer muss zwangsläufig zu Teufeleien und
Götzenanbetung führen.

Auch die Christen waren dieser Art von Inflation mystisch-intellek-
tueller Engels-Spinnerei sehr stark verfallen und mussten sich von ihren
Autoritäten die Leviten lesen lassen. Auf dem Konzil von Rom im
Jahr 745 unter Papst Zacharias erkannte die Kirche ausschließlich die
Namen der drei Engel an, die ausdrücklich in der Bibel genannt werden:
Michael, Rafael und Gabriel; alle anderen verwies man geradewegs ins
Reich der Dämonen. Nach dem Konzil von Aachen im Jahr 789 wur-
den im karolingischen Kaiserreich sogar diejenigen, die andere Engel als
diese drei anriefen, gnadenlos mit Exkommunikation bestraft.

Für die Karriere des großen Uriel bedeutete dies einen herben
Rückschlag. Uriel bedeutet »Licht Gottes«; ein Name, der aus den jüdischen Apokryphen stammt und mit dem zahlreiche Christen den vierten der sieben Erzengel anriefen. Sie hatten auch bereits begonnen,
hübsche kleine Kapellen für ihn zu erbauen, doch diese mussten nun mit
einem neuen Anstrich versehen werden.

Der Schlag war herb, aber keineswegs vernichtend. Uriel hatte nämlich noch nicht das letzte Wort gesprochen. Nachdem er siebenhundert
Jahre lang in der Abstellkammer gestanden hatte und bei den Christen
in völlige Vergessenheit geraten war, entdeckte man 1516 in einer Kirche
in Palermo unter der Tünche ein Fresko wieder, das alle sieben Erzengel
darstellte, darunter auch Uriel, wie es sich gehört mit Namen genannt, Quelle: Emile Mâle,
*L'Art religieux
du XVIIe siècle*
»der ein blankes Schwert festhielt, während vor seinen Füßen eine Flamme emporloderte«. In Sizilien betrachtete man diese Entdeckung als
Mirakel, und ein Priester, der wie durch eine wundersame Fügung
Angelo del Duca hieß, begab sich nach Rom, um die »neue« Verehrung
der sieben Erzengel zu verkünden, die bis nach Deutschland und sogar
Russland hinein ungeheuer populär wurde. Doch es sollte nicht lange
dauern, bis Rom die Fassung wiedergewann und den Namen Uriels erneut auslöschen ließ …

Man sollte die heldenhafte Anonymität der Sendboten Gottes bei
ihren Missionen einfach respektieren. Das Mindeste, was man von Gläubigen erwarten kann, ist ja wohl, dass sie die Agenten des Himmlischen
Büros nicht enttarnen.

Engel installieren sogar in unseren Köpfen Mikrofone, um unsere Gedanken abzuhören.

»Nicht einmal in Gedanken schimpf auf den König, nicht einmal im Schlafzimmer schimpf auf einen Reichen; denn die Vögel des Himmels können dein Wort verbreiten, alles, was Flügel hat, könnte die Nachricht weitermelden«, sagt Kohelet. Rabbi Brun erklärt: »Wenn ein Mensch schläft, spricht sein Körper mit seinem Geist, der Geist zur Seele, die Seele zum Engel, der Engel zu einem Cherub, der Cherub zu einem geflügelten Engel (einem Serafen) und der Seraf erzählt es Dem, dessen Wort das Universum erschaffen hat.« Dieser Stafettenlauf erklärt, warum der Mensch manchmal ohne Grund traurig und schlecht gelaunt erwacht: Es liegt ganz einfach daran, dass seine Seele unrein ist.

Auch im Islam existiert die Vorstellung, dass die Engel eine Kette bilden, um eine ständige Verbindung zwischen dem Menschen und dem Himmel zu etablieren. Pro Mensch widmen sich zwanzig Engel dieser Aufgabe: Zehn sind am Tage beschäftigt, in der Nacht werden sie von den zehn anderen abgelöst. Man nennt sie *al-Mu'aqqibat* (Segnungen), weil sie den Segen des Himmels zum Morgengebet hinunterbringen und am Abend mit den guten Taten wieder aufsteigen.

Die schlechten lassen sie unten.

Kohelet 10, 20

Zeenah u-Reenah (Frauenbibel): Übersetzung und Auslegung des Pentateuch von Jacob ben Isaac aus Jano

F.B.I.: Freundliche
Beamte Incorporated

Escort-Service

»Denn er befiehlt seinen Engeln, dich zu behüten auf all deinen Wegen«, heißt es im Psalm Nummer 91, der die Überschrift »Unter dem Schutz des Höchsten« trägt. Er, das ist natürlich Gott, und »Dich zu behüten« heißt, dass ein Mensch, der bei Gott Zuflucht sucht, beschützt wird. »Sie tragen dich auf ihren Händen, damit dein Fuß nicht an einen Stein stößt; du schreitest über Löwen und Nattern, trittst auf Löwen und Drachen.«

Tausend Engel bilden die Eskorte eines jeden Sohnes Israels – jedenfalls, wenn er betet. Und – noch wichtiger –, wenn er studiert. Tut er beides, wird Gott selbst ihn beschützen.

Im Judentum hängt der Schutz der Engel von den Umständen ab. Erklären beispielsweise neunhundertneunundneunzig Engel einen Mann für schuldig und nur ein Einziger spricht sich für seine Unschuld aus, entscheidet Gott zugunsten des Menschen.

»Ein jeder hat vor sich und hinter sich Engel, die einander ablösen und ihn behüten auf Allahs Geheiß«, sagt auch der Koran. Nach dem Bericht von Al Quazwînî hat der Prophet Mohammed dies mit folgendem hübschen Bild illustriert: »Gott vertraut den Menschen der Obhut von hundertsechzig Engeln an, die ihn unsichtbar umkreisen; sieben (von ihnen) umschwirren ihn wie Fliegen einen Teller Honig an einem Sommertag.«

Koran (13, 11)

Personenschutz

Neben den anonymen Engeln glaubt man im Islam außerdem an die *Al-Hafaza*, die Beschützer, die jeden Gläubigen begleiten. Sie sind zu zweit: einer zur Linken, einer zur Rechten eines Menschen, und zu ihrer Aufgabe gehört es, seine Taten festzuhalten, gute wie schlechte – ein weiteres Beispiel dafür, dass im Islam alles aufgeschrieben wird. Allerdings verhalten sich diese »Edle[n], Schreibende[n], welche wissen, was ihr tut« ihrem Menschen gegenüber äußerst verständnisvoll, ja geradezu parteiisch. In einer Überlieferung heißt es:

Koran (82, 11–12)

»Der Engel zur Rechten erteilt seinem Kameraden zur Linken Befehle. Wenn ein Mensch ein gutes Werk verrichtet, schreibt er ihm zehn gute Taten auf. Wenn er eine schlechte Tat begeht und der Engel zur Linken sie aufschreiben will, ruft ihm sein Kamerad zur Rechten: ›Halt!‹ zu. Dem Menschen wird dann eine Frist von sechs Stunden gewährt. Wenn er um die Vergebung Gottes bittet, wird ihm gar nichts aufgeschrieben, tut er es nicht, schlägt trotzdem nur eine einzige schlechte Tat zu Buche.«

Der treue Sekretär geht sogar noch weiter: Wenn er nach der Frist von sechs Stunden eine schlechte Tat aufschreiben musste, der Mensch danach aber etwas Gutes tut, verhandelt er mit dem Engel zur Rechten darüber, ob man nicht vielleicht auf beiden Seiten eine Tat von jeder

der beiden Listen streichen kann. Die Engel Allahs sind wirklich sehr barmherzig!

Auch nach dem Tod eines Menschen setzen sie ihre Wohltaten weiter fort. Bei Al Quazwînî heißt es wie folgt: »Sie sagen:

›Herr, Ihr habt Euren Diener sterben lassen; wohin sollen wir gehen?‹

Gott antwortet ihnen:

›Mein Himmel ist voll von meinen Engeln, die mich anbeten, und meine Erde ist voller Geschöpfe, die mir gehorchen; begebt euch auf das Grab meines Dieners, preist mich, rühmt mich und rechnet euren Lobpreis den guten Taten meines Dieners hinzu bis zum Tag der Wiederauferstehung.‹«

Wenn nun ein Muslim am Ende seines Gebets angelangt ist, nachdem er sich zum zweiten Mal mit dem Oberkörper nach vorn gebeugt und mit Nase und Stirn den Boden berührt hat *(Takbīr as-saǧda)* und dann auf den Fersen hockt, die Knie auf dem Boden, die Hände mit den Handrücken nach oben auf die Oberschenkel gelegt *(Takbīr al-ǧalsa)*, folgt zum Abschluss der *Salaam*. Der Gläubige wendet den Kopf zuerst nach rechts und spricht: »Der Frieden und die Gnade Gottes seien mit dir!« Danach wendet er den Kopf nach links und sagt noch einmal: »Der Frieden und die Gnade Gottes seien mit dir!« Damit grüßt er seine beiden Schutzengel. Und das ist ja wohl auch das Mindeste an Dankbarkeit, was er diesen beiden hervorragenden Anwälten entgegenbringen kann!

Quelle:
Thomas P. Hughes,
Lexikon des Islam

Dem Sefer ha-Sohar zufolge profitieren auch die Juden von der Unterstützung zweier Engel, eines Engels der Milde und eines Engels der Beurteilung, die berichten, was »der Körper, in den Er sie eintreten ließ«, getan hat. Maimonides setzt sie den mit guten und schlechten Neigungen der Menschen gleich.

In der christlichen Tradition ist die Vorstellung von einem gnädigen und einem strengen persönlichen Engel sehr weit verbreitet: »Einen strengen, um uns zu kontrollieren, einen gnädigen, um uns zu schützen«, berichtet unter anderem auch die *Legenda aurea*. Trotz seiner großen Popularität entspricht dieser Glaube jedoch keinesfalls den Auffassungen der katholischen Kirche! Zwar vertraten einige unter den ersten Kirchenvätern, etwa Hermas, Gregor von Nyssa, Origenes und Cassian, die Ansicht, jeder Mensch werde nicht nur von einem guten Engel, sondern auch von einem bösen begleitet: einem Dämon. Doch mit dieser Überzeugung standen sie ziemlich allein da. Eine erdrückende Mehrheit von

Theologen erklärte, die Hölle sei viel zu desorganisiert für etwas Derartiges. Und die Mystiker, die ihrerseits von wechselnden dämonischen Heerscharen heimgesucht wurden, pflichteten ihnen bei.

Ganz persönliche Leibwachen

Der Ursprung des persönlichen Schutzengels liegt also im Christentum begründet. Der Glaube an seine Existenz geht auf die mahnenden Worte Jesu über den Schutz von kleinen Kindern zurück: »Hütet euch davor, einen von diesen Kleinen zu verachten! Denn ich sage euch: Ihre Engel im Himmel sehen stets das Angesicht meines himmlischen Vaters.« Viele Jahrhunderte später rief Papst Pius XII. eingedenk dieser Mahnung aus: »Wenn diese Kinder Erwachsene werden, verlassen ihre Schutzengel sie dann? Gewiss nicht!«

Matthäus (18, 10)

Seit dem 5. Jahrhundert wird die Existenz des Schutzengels von den Christen allgemein anerkannt. Im Orient schreibt man ihn nur den Getauften zu, während man im Abendland daran festhält, jedem Menschen werde von Geburt an ein Engel zugeteilt. Diese Lehre hat sich bis heute in der katholischen Kirche erhalten. Selbst die Wilden im Urwald des Orinoko, die früher in dem Ruf standen, die wildesten aller Wilden zu sein, haben jeder einen Schutzengel.

Obwohl der Glaube an sie bereits sehr alt ist, begann die offizielle Verehrung der Schutzengel im Katholizismus erst recht spät. Dann allerdings verbreitete sie sich umso stärker, je mehr die Protestanten sie als ketzerisch verdammten. Ihren Anfang nahm sie unter der Ägide des seligen François d'Estaing, Bischof von Rodez, der den Schutzengeln eine Kapelle in seiner Kathedrale weihte, wo er, mit dem Segen von Papst Leo X., am 3. Juni 1529 ihnen zu Ehren eine erste Messe feierte. Der Gottesdienst war so gut besucht, dass der Bischof seine Messe schließlich nach draußen verlegte und sie am Fuß der Berge unter freiem Himmel las. 1670 verpflichtete Klemens X. die Weltkirche zu einem Feiertag für die Schutzengel, doch erst 1853 wurde er im Verlauf des Konzils von Reims auf den 2. Oktober festgelegt.

Doch auch ohne Konsekration waren Schutzengel ungemein populär, besonders bei den Predigern. Im 17. Jahrhundert widmete ihnen der Theologe und Historiker Jacques Bossuet einen seiner langen, enthusiastischen Sermone: »Sie sind die Gesandten, die Gott zu den Menschen geschickt hat, und sie sind die Gesandten, die der Mensch zu Gott schickt. Was für ein Wunder!, sagt uns der heilige Bernhard. Christen, könnt ihr es glauben? Sie sind nicht nur die Engel Gottes, sondern auch die Engel der Menschen.«

»Der Schutzengel ist ein guter Berater; er tritt bei Gott für uns ein, er hilft uns in der Not, er schützt uns vor Unfällen«, sagte Papst Johannes XXIII.[*] – der seinen Engel sogar als morgendlichen Weckdienst gebrauchte!

Der Personenschützer hat seinem Menschen gegenüber nicht weniger als sechs verschiedene Aufgaben: Er wendet Gefahren von ihm ab, die seinen Körper oder seine Seele bedrohen, hält die Dämonen im Zaum, überbringt Gott seine Gebete, bittet bei Gott für ihn, regt ihn zum Guten an und geleitet ihn wieder zurück, wenn er vom rechten Wege abkommt.

Bei der Erfüllung der letzten Aufgabe entfernt er sich manchmal ziemlich weit vom Klischee des niedlichen Engelchens, wie wir es von unseren Kommunionsbildchen her kennen. Die heilige Franziska von Rom (1384 – 1440) zum Beispiel besaß einen besonders aufbrausenden Schutzengel, der ihr nichts durchgehen ließ, noch nicht einmal in der Öffentlichkeit. So auch eines Abends, als sie die oberen Zehntausend der römischen Gesellschaft im Palazzo ihres Gatten Lorenzo empfing. Die Konversation wurde fröhlich und leichtsinnig, und man tauschte ausgiebig Klatsch und Tratsch aus. Die junge Gastgeberin (sie war gerade erst 17 Jahre alt) war anscheinend müde oder hatte sich von ihren wesentlich älteren Tischgenossen beeindrucken lassen – jedenfalls ließ sie sie gewähren. Diese Haltung passte ihrem Schutzengel jedoch mitnichten. Plötzlich vernahmen die Gäste, vor Schreck wie erstarrt, das Klatschen einer schallenden Ohrfeige, deren Spuren sich unverzüglich auf der feuerroten Wange Franziskas abzeichneten. Ihr guter Engel hatte sie geschlagen!

Ein Schutzengel verlässt seinen Menschen auch nach seinem Tod nicht; Mélanie de La Salette zufolge wartet er geduldig, bis seine Seele das Fegefeuer[**] wieder verlässt – falls sie dort hinein muss.

Kurzum: Das Berufsethos der Engel ist eben ohne Fehl und Tadel!

---

[*] am 26. Dezember 1962

[**] Der Ort, an dem die Seelen der Gerechten gereinigt werden, bevor sie das Paradies erreichen, in das nur die Heiligen ohne Umwege hineinkommen.

Internationale Verteidigung

Luftwaffe

»Verfluchtsein, Verwirrtsein, Verwünschtsein lässt der Herr auf dich los«, heißt es im Deuteronomium. Wer würde beim Anblick der molligen, pausbäckigen Engelchen auf den Andachtsbildchen schon darauf kommen, dass die Engel in erster Linie die Miliz der himmlischen Heerscharen stellen? Sie sind furchtbare Krieger und lassen sich sogar von Zeit zu Zeit auf weltliche Kämpfe ein. Ihre enorme Schlagkraft steht außer Frage: »In jener Nacht zog der Engel des Herrn aus und erschlug im Lager der Assyrer hundertfünfzigtausend Mann. Als man am nächsten Morgen aufstand, fand man sie alle als Leichen.«

Deuteronomium (28, 20)

2 Könige (19, 35)

Kavallerie

Engel können auch reiten. Im zweiten Jahr der Hedschra (624 n. Chr.) standen die Muslime bei Badr mit hundertdreizehn Mann tausend besser ausgerüsteten Koreischiten gegenüber. Doch der Prophet Mohammed, der bei Schlachten häufig auf einer weißen Kamelstute ritt, erhielt von dreitausend Engelreitern Verstärkung, wodurch die Anhänger Mohammeds ihren ersten großen Sieg erringen konnten. Es wird berichtet, dass die Engelreiter gelb-weiße Turbane trugen und dass es sich bei ihren Pferden um Falben mit dunkler Mähne und dunklem Schweif gehandelt habe.

Offiziere

Jede Nation verfügt über einen Schutzengel, auch »Engelfürst« genannt. Michael ist der Schutzengel Israels, und er verteidigt die Kinder Israels mit seinen Engellegionen. Doch wenn sich sein Volk von Gott abwendet, zieht er sich zurück und lässt zu, dass Engelfürsten anderer Nationen Israel heimsuchen und ihm sogar Fieber und Pestilenzen senden. Diese werden jedoch ihrerseits »zerschlagen mit eiserner Keule«, sobald Israel wieder zum Herrn zurückkehrt.

Daniel (10, 13 ff.)

Psalmen (2, 9)

Rekrutierungsbüro

Der Erzengel Michael ist auch der Beschützer Frankreichs. In dieser Funktion erschien er, in Begleitung der heiligen Katharina und der heiligen Margareta, beide Jungfrauen und Märtyrerinnen, der jungen Johanna von Orléans, mit dem Befehl, den Dauphin zu suchen, den späteren Karl VII., und das Land zu retten. Nach ihrem Erfolg, ihrer Verbrennung auf dem Scheiterhaufen und ihrer Heiligsprechung wurde Johanna zur Kollegin der beiden heiligen Frauen – als Jungfrau und Märtyrerin – und zur Kollegin Michaels als Schutzpatronin Frankreichs.

Schwere Artillerie

Da ein jüdischer Engel nicht mehr als eine Mission auf einmal erfüllen kann, grenzt der Talmud die Aufgaben der drei Engel, die Abraham bei den Eichen von Mamre aufsuchten, folgendermaßen voneinander ab: Rafael, der Engel der Heilung, vollendet die Vernarbung von Abrahams später Beschneidung; Michael, der Beschützer Israels, verkündet ihm die Geburt Isaaks, und Gabriel, Engel der Kraft, ist verantwortlich für die bevorstehende Zerstörung Sodoms und Gomorras.

Von diesem Ereignis gibt es keine Augenzeugenberichte, da bekanntlich das Weib Lots, das sich umdrehte, um einen kurzen Blick zu erhaschen, auf der Stelle in eine Salzsäule verwandelt wurde. Aber sie war ja vorher gewarnt worden! Wie die Bibel berichtet, »ließ der Herr auf Sodom und Gomorra Schwefel und Feuer regnen, vom Herrn, vom Himmel herab. Er vernichtete von Grund auf jene Städte und die ganze Gegend, auch alle Einwohner der Städte und alles, was auf den Feldern wuchs.« Als Abraham am nächsten Morgen das Gebiet überblickte, sah er folgende Szenerie: »Qualm stieg von der Erde auf wie der Qualm aus einem Schmelzofen.«

Genesis (19, 24 – 25)

Genesis (19, 28)

Eine Erklärung, wie die Zerstörung vonstatten ging, erfolgt jedoch erst viel später, als Mohammed vom Engel Gabriel ein Beispiel für seine Kraft fordert: »›Ich habe‹, antwortete er ihm, ›auf meinen Flügeln die Städte der Leute des Lot emporgetragen, so hoch in die Lüfte, dass die Bewohner des Himmels den Schrei ihres Hahnes hören konnten; danach habe ich sie wieder zur Erde hinuntergebracht.‹«

Koran (81, 19 – 20)

So furchtbar einfach ist das.

Territoriale Sicherheit

Die Umlaufbahnen
der Planeten

Eine wichtige Voraussetzung für alles Leben ist, dass sich die Erde dreht, und auch dafür sind die Engel zuständig. Die jüdische Mystik lehrt, dass alle Gestirne ihre Befehle von den Engeln erhalten.

Die Engel, die die jeweiligen Planeten bewohnen, tragen auch die Verantwortung für deren Rotation: Sie sind die Mechaniker des Himmels. Zahlreiche Astronomen, insbesondere Johannes Kepler, vertraten die Theorie des *angelus rector*, eines Engels, der den jeweiligen Planeten lenkt, da es schließlich einer Intelligenz bedürfe, um seine Umlaufbahn zu berechnen und ihn dort zu halten. Der polnische Kanonikus Nikolaus Kopernikus hinterließ zwar nach seinem Tod das Modell eines heliozentrischen Universums, in dem der Mensch auf seiner kleinen Erde sehr viel unbedeutender wirkte. Doch auch in seinem System bewegten sich die Planeten noch stets auf durchsichtigen Bahnen und wurden dabei von Engeln angeschoben.

Die Engel, deren Aufgabe die Weltordnung ist, werden von den Muslimen *Al-muwakkalun* genannt. Im Islam existiert eine sehr poetische Vorstellung davon, wie sie ihre Pflicht erfüllen: Man glaubt, die Sonne sei der Obhut von neun Engeln anvertraut, die sie jeden Tag mit Schnee bewerfen, weil sie sonst alle Dinge verbrennen würde.

Straßenverkehr

Einst erregte der Seher Bileam den Zorn Gottes, weil er den Hofleuten von Moab folgte. Gott stellte ihm einen Engel in den Weg, mit einem gezückten Schwert als Stoppschild in der Hand. Die Eselin Bileams verließ den Weg, um den Engel zu umgehen, doch Bileam, ein recht kurzsichtiger Seher, sah nichts und schlug sein Reittier, um es auf den Weg zurückzutreiben. Ein Stück weiter zwängte sich die Eselin dicht an einer Mauer entlang, weil sich die Straße verengte, wiederum, um dem Engel zu entgehen, und drückte dabei das Bein Bileams an die Wand. Der verpasste ihr die zweite Tracht Prügel. Als der Engel zum dritten Mal erschien, war die Straße so schmal geworden, dass die Eselin nicht weiter-

gehen konnte und sich zu Boden sinken ließ. »Bileam wurde wütend
und schlug den Esel mit einem Stock.

Da öffnete der Herr dem Esel den Mund, und der Esel sagte zu
Bileam: Was habe ich dir getan, dass du mich jetzt schon zum dritten Mal

Numeri (22, 21 ff.) schlägst? Bileam erwiderte dem Esel: Weil du mich zum Narren hältst.«
Dann endlich sah er den Engel, der ihm riet, sich bei seiner Eselin zu be-
danken: Wenn sie ihn nicht umgangen hätte, hätte er Bileam mit seinem
Schwert getötet.

Was für eine Lektion für einen ungehorsamen Propheten, wenn er
miterleben muss, wie sich Gott des Mauls eines Esels bedient, um zu ihm
zu sprechen und der Augen eines Esels, um einen Engel zu erblicken –
dort, wo er selbst nur die staubflimmernde Straße sah.

Da soll noch einmal einer behaupten, Er habe keinen Humor!

Tierbändiger

Engel verstehen auch etwas von Tieren. Sogar von wilden Tieren. Dies
zeigte sich, als König Darius den Propheten Daniel aufgrund von Ver-
leumdungen in die Löwengrube werfen ließ:

»Früh am Morgen, als es gerade hell wurde, stand der König auf und
ging in Eile zur Löwengrube. Als er sich der Grube näherte, rief er mit
schmerzlicher Stimme nach Daniel und fragte:

Daniel, du Diener des lebendigen Gottes! Hat dein Gott, dem du
so unablässig dienst, dich vor den Löwen erretten können?

Daniel antwortete ihm:

[…] Mein Gott hat seinen Engel gesandt und den Rachen der

Daniel (6, 20–23) Löwen verschlossen. Sie taten mir nichts zuleide […].«
Trotzdem müssen die Löwen schon ein wenig Hunger gehabt haben.
Darius ließ nämlich anschließend diejenigen, die Daniel angeschwärzt
hatten, in die Grube werfen, einschließlich ihrer Frauen und Kinder, und
»sie waren noch nicht am Boden der Grube angelangt, da stürzten sich

Daniel (6, 25) die Löwen auf sie und zermalmten ihnen alle Knochen«.
Der Dompteur-Engel war offensichtlich inzwischen fortgegangen,
um seine Zirkusnummern anderswo aufzuführen.

Feuerwehr

Im Einsatz als Feuerwehrleute kommen Engel nicht nur ohne Asbest-
anzug aus, sondern können, wie wir im folgenden Beispiel sehen, sogar
selbst als Feuerschutz dienen. Schadrach, Meschach und Abed-Nego
wurden von König Nebukadnezzar gefesselt in einen glühenden Feuerofen geworfen.

»Aber der Engel des Herrn war zusammen mit Asarja* und seinen
Gefährten in den Feuerofen hinabgestiegen. Er trieb die Flammen des
Feuers aus dem Ofen hinaus und machte das Innere des Ofens so,
als wehte ein taufrischer Wind. Das Feuer berührte sie gar nicht; es tat
ihnen nichts zuleide und belästigte sie nicht.« Der König fand das natür- Daniel (3, 49–50)
lich äußerst merkwürdig. »Er sprang auf und fragte seine Räte:

Haben wir nicht drei Männer gefesselt ins Feuer geworfen?

Antwort:

Gewiss, König!

Er erwiderte:

Ich sehe aber vier Männer frei im Feuer umhergehen. Sie sind un- Daniel (3, 91–92)
versehrt, und der vierte sieht aus wie ein Göttersohn.«

Als sie herauskamen, haftete den dreien noch nicht einmal Brand-
geruch an, und der vierte, der diensthabende Feuerwehrmann, hatte sich
zusammen mit dem Rauch verflüchtigt.

Fanfaren und Serenaden

Jeder weiß, dass die Engel im Himmel mit den Flügeln schlagen und singen. Am Ende der Zeiten müssen sie außerdem mit Trompetenklängen
die Toten aufwecken: »Er wird seine Engel unter lautem Posaunenschall
aussenden, und sie werden die von ihm Auserwählten aus allen vier
Windrichtungen zusammenführen, von einem Ende des Himmels bis Matthäus (24, 31)
zum anderen.«

Im Islam wird diese Rolle von einem einzigen, riesengroßen Engel
übernommen: Israfil. Er ist mit lockigem, dichtem Haar bedeckt und besitzt vier Flügel: der erste ist über den Orient ausgebreitet, der zweite

---

* Die Namensabweichung kommt durch die Überlappung verschiedener Bibeltext-
  Überlieferungen zustande. (Anm. d. Ü.)

über den Okzident; in den dritten hüllt er sich ein, während der vierte ihn wie ein Schleier von der göttlichen Majestät trennt. Er hat stets seine Trompete an den Lippen, um bereit zu sein, wenn Gott ihm den Befehl erteilt. Sein Trompetenschall wird die Toten in ihren Gräbern aufwecken. Während er darauf wartet, leidet und weint Israfil beim Anblick der Hölle, und zwar so heftig, dass er die ganze Erde mit seinen Tränen überschwemmen könnte.

Neben Blechblasinstrumenten mögen Engel jedoch auch Saiteninstrumente. Der heilige Franz von Assisi vertraute eines Tages Bruder Leon an, ihm sei ein Engel mit einer Geige erschienen. Er habe die Saiten nur ein einziges Mal berührt und der Ton sei so lieblich gewesen, dass ihm, wenn der Engel den Bogen ganz über die Saiten geführt hätte, die Seele aus dem Leib gesprungen wäre.

Partyservice

Gelegentlich kommt es vor, dass die Engel im Himmel kochen. Daher nimmt es nicht Wunder, dass sie auf der Erde »Essen auf Flügeln« servieren.

Lieferung frei Haus

Der Prophet Elija floh vor dem mörderischen Zorn der Königin Isebel in die Wüste, wo er schließlich am Ende seiner Kräfte einschlief, verzweifelt und nur noch mit dem einen Wunsch: zu sterben. »Doch ein Engel rührte ihn an und sprach:

Steh auf und iss!

Als er um sich blickte, sah er neben seinem Kopf Brot, das in glühender Asche gebacken war, und einen Krug mit Wasser. Er aß und trank [...].«

1 Könige (19, 5–6)

Gut, das war zwar ein ziemlich frugales Mahl, doch der Landschaft angemessen und warm serviert. Mit einem gewissen Nachdruck bringt der Engel Elija dazu, noch ein zweites Mal zu essen. Gestärkt von diesen Speisen, deren Nährwert erstaunlich gewesen sein muss, konnte Elija vierzig Tage und vierzig Nächte durch die Wüste wandern, ohne etwas anderes zu sich zu nehmen.

Jesus hingegen hatte bereits vierzig Tage und Nächte lang gefastet und dem Teufel widerstanden, als die Engel zu ihm kamen und ihm dienten. Seiner Mutter war etwas Ähnliches widerfahren: Nach den apokryphen Evangelien wurde Maria, während sie als junges Mädchen im Tempel lebte, ausschließlich von einem Engel ernährt: »... und was sie zu sich nahm, empfing sie aus der Hand eines Engels.«

Matthäus (4, 11)

Pseudo-Matthäus (6, 3); Evangelium nach Jakobus (8, 1), in: Alfred Pfabigan, *Gottes verbotene Worte*, S. 245

Pizzaservice

Und noch mehr: Ein Engel kann einen Koch samt Menü mehr als 600 Kilometer weit zu einer Grube in einem fremden Land bringen, ohne dass die Speise dabei abkühlt:

»In Judäa lebte damals der Prophet Habakuk. Er hatte sich eine Mahlzeit gekocht und Brot in einen Napf gebrockt und ging gerade auf das Feld, um das Essen den Arbeitern zu bringen. Da sagte der Engel des Herrn zu Habakuk:

Bring das Essen, das du in der Hand hast, dem Daniel nach Babylon in die Löwengrube!

Habakuk antwortete:

Herr, ich habe Babylon nie gesehen, und die Grube kenne ich nicht.

Da fasste ihn der Engel des Herrn am Schopf, trug ihn an seinen Haaren fort und versetzte ihn mit der Gewalt seines Geistes nach Babylon an den Rand der Grube. Habakuk rief:

Daniel, Daniel, nimm das Essen, das Gott dir geschickt hat.

Da sagte Daniel:

Gott, du hast also an mich gedacht; du lässt die nicht im Stich, die dich lieben.

Dann stand Daniel auf und aß. Den Habakuk aber versetzte der Engel Gottes sogleich an seinen früheren Ort zurück.«

Daniel (14, 33–39)

Jägermeister

Engel liefern nicht nur Nahrung, sondern helfen auch bei der Verdauung. Man kann sich zwar kaum vorstellen, dass Engel auch im Inneren eines Menschen herumspazieren können, doch im Islam ist dies durchaus der Fall. Bei der Verwertung der Nahrung ist die Mitwirkung von sieben Engeln notwendig, nicht mehr und nicht weniger. Der erste schafft die Nahrung in den Körper, da sie nicht von selbst dorthin gelangt; der zweite sorgt dafür, dass sie während der Verwertung am rechten Ort bleibt; der dritte verleiht dem Blut seine Form; der vierte bringt den Müll raus; der fünfte wacht über die Verteilung der Nahrung zwischen den Knochen, dem Fleisch und den Adern; der sechste passt sie diesen an, und der siebte ist dafür verantwortlich, dass dieser ganze Prozess harmonisch verläuft, »denn wenn beispielsweise die Menge der Nahrung, die die Nase eines Kindes erhält, gleich der Menge für die Beine wäre, würde die Nase dick und von innen ausgefüllt und die Physiognomie sowie die Schöpfung würden verändert«. Dieser Engel muss also die dünnsten Stückchen Nahrung zu den Augenlidern bringen, die durchsichtigsten Teilchen zum Augapfel und die solidesten zu den Knochen.

Quelle: Toufic Fahd, *Histoire des religions* (vol. II, *Anges, démons et djinns en islam*)

Er ist der Architekt des Körpers.

Was sonst noch auf dem Plan steht

Geburten

Sobald ein Kind auf die Welt kommt, wird der Engel im Bereich der Schönheitschirurgie aktiv. Denn wie der Talmud sagt, ist der Mensch vor seiner Geburt ein reiner Geist, der alles weiß, doch in dem Moment, wo er das Licht der Welt erblickt, legt ihm ein Engel den Finger auf den Mund, und er vergisst die Tora. Die kleine Furche, die wir zwischen Nase und Mund haben, ist die Spur des Fingers, den der Engel auf unsere Lippen legte, als wir Säuglinge waren, um uns die göttlichen Geheimnisse vergessen zu lassen und sie so zu schützen.

Hochzeiten

Häufig gehört es zur Rolle der Engel, einer sterilen Frau (Sara und Isaak, der Frau Manoachs und ihr Sohn Samson, etc.) eine unerwartete und wunderbare Geburt zu verkünden, doch manchmal spielen sie – gewissermaßen mit größerem persönlichem Engagement – auch den Kuppler. Wie wir bereits gesehen haben, war Rafael damit betraut, eine Frau für den jungen Tobias zu finden: ein Mädchen, dessen sieben früheren Verlobten einer nach dem anderen von dem Dämon Aschmodai um die Ecke gebracht worden waren. Doch der Engel wusste die richtige Lösung für das Problem, Tobias wurde glücklich und zeugte viele Kinder.

Der Engel des Herrn, keineswegs puritanisch und auch kein strikter Anhänger der Monogamie – jedenfalls in den ganz alten Zeiten –, hatte auch Jakob zu seinen Ehefrauen verholfen, erst Lea und später Rahel.

Beerdigungen

»Als nun der Arme starb, wurde er von den Engeln in Abrahams Schoß getragen«, berichtet der Evangelist Lukas. Engel fungieren also auch als Sargträger. Oder, himmlischer ausgedrückt, als Seelenbestatter, beziehungsweise Seelentransporteure. »Und Er ist der Zwingherr über Seine Diener, und Er sendet über euch Wächter, so dass, wenn zu einem von euch der Tod kommt, Unsre Gesandten (die Engel) ihn zu sich nehmen; und sie sind nicht lässig«, sagt der Koran. Diese Gesandten sind der Engel der Todes und seine Begleiter, der Engel der Barmherzigkeit und der Engel der Strafe.

Lukas (16, 22)

Koran (6, 61)

Die jüdische Überlieferung berichtet, dass an dem Tag, an dem David sterben sollte, der Engel des Todes *(Mal'ach Hamavet)* sich ihm nicht nähern konnte, weil der König unablässig die Tora studierte. Da kam der Engel auf die Idee, auf die Bäume draußen zu steigen und sie zu schütteln. König David fragte sich, was da los sei, unterbrach seine Studien und ging hinaus. Dabei brach unter ihm eine Stufe zusammen und er starb.

Talmud, Schabbat (30 b)

Im Islam heißt der Engel des Todes 'Izrā'īl. Er ist riesengroß, hat viertausend Flügel und verfügt über ebenso viele Assistenten, wie Menschen sterben. Die Legende berichtet, er sei ein Freund des Königs

Salomo gewesen, den er in menschlicher Gestalt jeden Donnerstag besuchte. Eines Nachmittags blickte er einen Besucher des Königs lange Zeit an. Nach seinem Abschied fragte der Gast den König, wer sein Freund sei. Als er erfuhr, dass es sich um den Engel des Todes handelte, bekam er es mit der Angst zu tun, und um ihm zu entfliehen, bat er König Salomo, ihn vom Wind bis an die äußersten Grenzen Indiens tragen zu lassen. Und so geschah es dann auch. Als der Engel des Todes eine Woche später wieder zu Salomo kam, fragte ihn der König, warum er bei seinem letzten Besuch einen seiner Gäste so merkwürdig angeschaut habe. Nun ja, antwortete der Engel, er sei eben ein wenig erstaunt gewesen, ihn an diesem Ort zu sehen, wo er doch den Befehl erhalten habe, seine Seele in Kürze am äußersten Ende Indiens abzuholen!

Niemand entkommt 'Izrā'īl. Noch nicht einmal Mose, obwohl er sich wehrte und ihm, so sagt man, ein Auge ausschlug – was für diesen Engel allerdings keine besonders schlimme Behinderung dargestellt haben dürfte, da er nach jüdischem Volksglauben über und über mit Augen bedeckt ist.

Die Moral von der Geschicht': »Wenn ihr einen Trauerzug vorbeikommen seht, egal ob den eines Muslimen, eines Juden oder eines Christen, erhebt euch! Nicht wegen des Trauerzuges sollt ihr euch erheben, sondern wegen der Engel, die ihn begleiten.«

Abu Da'ud in:
Sunnan

KAPITEL VI

*In dem man eine Stufe höher steigt, um sich über
das Aussehen der Engel, über ihre Größe, die Anzahl
ihrer Flügel, ihren Gesang und ihre Organisation im
Himmel zu informieren.*

*In dem man einige beeindruckende, ja furchterregende,
aber dennoch sympathische Persönlichkeiten kennen lernt.*

Die Sache
mit den Flügeln

Die am weitesten verbreitete Vorstellung von Engeln ist die, dass sie sich grundsätzlich mit Hilfe eines robusten Flügelpaares fortbewegen. Mit mindestens einem Paar. Auch wenn uns andererseits die Heilige Schrift zahlreiche ungefiederte Engel präsentiert, die genauso prachtvoll und frei von Minderwertigkeitskomplexen sind.

Wenn sie auf die Erde kommen, um mit Menschen Kontakt aufzunehmen, verkleiden sich die Engel ebenfalls als menschliche Wesen und verzichten dabei ganz auf jeglichen Federschmuck. Wie machen sie das? Der große Engel-Spezialist Thomas von Aquin hat eine ganz einfache Erklärung dafür: »Wo in einem Seinsbereiche sich Unvollkommenes zeigt, in demselben muss etwas Vollkommenes vorherbestehen. So muss es in der verstandlichen Natur vollkommen verstandliche Wesen geben, die, um zu verstehen und wissen, nicht auf die sinnlichen Dinge, also ihrer Natur nach nicht auf die Vereinigung mit einem Leibe angewiesen sind: wir nennen sie Engel. Nehmen sie, wie sich aus der Schrift ergibt, Leiber an, so können solcherweise Lebenstätigkeiten (opera vitae) durch sie geschehen, aber nicht als weseneigene von ihnen hervorgebracht werden.«

Eigentlich ist ein Engel jedoch ein »Verstandwesen ohne Leib. [...] Es ist an einem Orte, aber nicht geortet wie der dimensive Körper, sondern nach Weise der Seele, die im Körper wirksam ist ...« Wie es die Engel jedoch tatsächlich anstellen, menschliche Gestalt anzunehmen, darauf bleibt uns der heilige Thomas eine Antwort schuldig.

Thomas von Aquin, *Summe der Theologie* (Bd. 1: Gott und Schöpfung, 51. Untersuchung)

Thomas von Aquin, op. cit. (54. u. 52. Untersuchung)

Schön wie ein Engel

Zwar gibt es leider kein zuverlässiges Rezept, doch das Resultat kann sich zweifellos sehen lassen: Es ist sehr gelungen. Engel erscheinen stets als junge und auffallend gut aussehende Männer, die zudem sehr gut gekleidet sind. Als Johanna von Orléans während ihres Prozesses bei einem Verhör am 1. März 1431 von ihren Richtern zu dem Thema befragt wurde, antwortete sie jeweils mit einer Gegenfrage:

›»Welches Aussehen hatte der heilige Michael, als er Euch erschien? War er nackt?‹

›Meint Ihr, Gott habe nichts, ihn zu kleiden?‹

›Hatte er Haare?‹

›Warum sollte man sie ihm abgeschnitten haben?‹«

Quelle: *Jeanne d'Arc: Dokumente ihrer Verurteilung und Rechtfertigung, 1431–1456*

Und sie weigerte sich, auch nur das kleinste Detail hinzuzufügen. Überhaupt sind genaue Beschreibungen von Engeln überaus selten. Eine Ausnahme stellt der Prophet Daniel dar, der nach dreiwöchigem Fasten am Ufer des Tigris folgende Erscheinung gewahrte: »Ich blickte auf und sah, wie ein Man vor mir stand, der in Leinen gekleidet war und einen Gürtel aus feinstem Gold um die Hüften trug. Sein Körper glich einem Chrysolith, sein Gesicht leuchtete wie ein Blitz, und die Augen waren wie brennende Fackeln. Seine Arme und Beine glänzten wie polierte Bronze. Seine Worte waren wie das Getöse einer großen Menschenmenge.« Das ist er doch sicher, der *very smashy* Engel, den Mr. Chatterton ausfindig machte, *isn't it?*

Daniel (10, 5–6)

Die Schönheit der Engel genießt bei den Frauen so großen Ruhm, dass ihr Anblick Haushaltsunfälle verursachen kann. Selbst wenn es sich bei der vermeintlichen Engelserscheinung in Wirklichkeit nur um einen Menschen handelt, kann man von Glück reden, wenn man nicht gerade dabei ist, Obst zu schälen: »Und da sie ihn sahen, rühmten sie ihn und schnitten sich in die Hände und sprachen: ›Allah behüte ihn! Das ist kein Mensch, das ist ein Engel!‹«

Koran (12, 31)

Im Kapitel über das Schicksal der Stadt Sodom beschreibt die Bibel in recht deutlichen Worten das Schicksal, das so überaus schönen jungen Leuten blühen konnte. Dieselbe Episode findet sich auch im Koran wieder: Lot, der einzige Gerechte unter den Einwohnern Sodoms, ahnt schon bei der Ankunft der Engel, welche Begehrlichkeit sie bei seinen Mitbürgern wecken würden, und im Austausch bietet er ihnen seine eigenen Töchter an:

»Und als unsere Gesandten zu Lot kamen, bekümmerte er sich um sie, und sein Arm war machtlos für sie, und er sprach:

›Dies ist ein böser Tag.‹

Und es kam sein Volk zu ihm geeilt, und sie hatten zuvor Böses verübt. Er sprach:

›O mein Volk, diese meine Töchter sind reiner für euch; drum fürchtet Allah und bringt nicht Schande über mich in meinen Gästen. Ist kein rechtschaffener Mann unter euch?‹«

Koran (11, 77–78)

Ein böser Tag, in der Tat. Die Engel entkommen den Sodomitern, indem sie sie mit Blindheit schlagen. Was die Töchter Lots betrifft, so stand ihnen in sexueller Hinsicht ein seltsames Schicksal bevor. Nachdem sie und ihr Vater als Einzige die Zerstörung der Stadt überlebt hatten, machten sie ihn betrunken und vergewaltigten ihn, um von ihm, der sie so pflichtschuldig zur Massenvergewaltigung angeboten hatte, Nachkommen zu gebären. Es scheint, als seien die Gesetze der Gastfreundschaft damals heiliger gewesen als alle anderen. Ganz zu schweigen von der Pflicht zur Arterhaltung! Von späteren bürgerlichen Moralvorstellungen war man damals noch weit entfernt, wenn man so sagen darf.

Eine Sache ist jedoch ganz sicher: Die schönen Engel trugen keine Schwingen. Sie waren zwar eifrig, aber flügellos und daher flugunfähig. Dies können wir daraus schließen, dass zum einen in den Texten keine Flügel erwähnt werden, noch nicht einmal in der präzisen Beschreibung Daniels, und zum anderen, weil sie sie schlicht behindert hätten. Als der Engel, der Manoach die Geburt Samsons verkündet hatte, »in der Flamme des Altars mit empor [stieg]«, geschah dies ganz offensichtlich, weil er keine Flügel besaß; im Übrigen hat Manoach ihn gar nicht als Engel erkannt. Ebenso wenig wurde der Engel Rafael auf der langen Reise mit dem jungen Tobias entlarvt. Es wäre ihm auch schwer gefallen, mit Flügeln, selbst mit zusammengefalteten, umherzulaufen und es sogar zu schaffen, damit inmitten einer Hochzeitsgesellschaft nicht weiter aufzufallen. Und welche Erklärung gäbe es dafür, dass die Engel Jakobs unermüdlich eine Leiter hinauf- und hinunterkletterten, wenn sie hätten fliegen können? Zugegeben, manchmal hüpfen ja auch Schwalben von einer Stromleitung zur anderen, ohne erst die Flügel auszubreiten, aber dennoch scheint dieses Argument ein wenig an den Federn herbeigezogen. Nichts weist zum Beispiel darauf hin, dass Gabriel Flügel trägt, während er Maria besucht, und als die drei frommen Frauen das Grab Jesu betreten, sehen sie lediglich »einen jungen

Richter (13, 20)

Genesis (28, 12)

Mann [...], der mit einem weißen Gewand bekleidet war«, etc. Kein Wort von Flügeln.

Auch trugen die Engel in der christlichen Kunst bis ins ausgehende 4. Jahrhundert keine Flügel. Allerdings aus einem anderen Grund: Zahlreiche Gottheiten der Heiden besaßen Schwingen, und man war darum bemüht, sich von ihnen abzugrenzen. In Rom beispielsweise wurden zur Zeit der Christenverfolgungen Cupido, der Gott der Liebe (der bei den Griechen Eros hieß), Victoria (Nike), die Siegesgöttin, Machtsymbol der Imperatoren, Merkur (Hermes), der Götterbote sowie andere schändliche Götzen mit Flügeln dargestellt. Die ersten Christen bildeten ihre Engel daher federlos ab, bis zur Bekehrung des Kaisers Konstantin zum Christentum. Nach dem Toleranzedikt von Mailand im Jahr 313, als sie sich endlich vor wilden Tieren und unerfreulichen Missverständnissen in Sicherheit wähnten, ließen sie ihnen sogar so riesige Flügel wachsen, dass diese für die Engel das wurden, was die Gloriole für die Heiligen ist: ein echtes Markenzeichen. Da bedurfte es schon der genialen Unverfrorenheit eines Michelangelo, um, wie er es in Rom bei seinem *Jüngsten Gericht* tat, neben einem Christus ohne Bart und Heiligen ohne Hosen, auch Engel ohne Federn darzustellen. Die Hosen ließen die Päpste später wieder darüberpinseln, doch niemand wagte es, die überaus unkonventionellen Engel neu zu beflügeln.

Die allerersten Engelsflügel wurden im Westen in weißer, im Osten in roter Farbe gemalt; eine Analogie zum Messwein und den liturgischen Gewändern, die ebenfalls im Abendland das Weiß der Reinheit, im Orient hingegen das Feuerrot der Erleuchtung aufwiesen.

Und dennoch fliegen sie ...

Aber woher stammen denn nun die Flügel der Engel?

Sie gehören zu ihrem wahren, himmlischen Aussehen, das den Menschen naturgemäß verborgen bleibt: »Das Lob sei Allah, dem Schöpfer der Himmel und der Erde, der die Engel zu Boten macht, versehen mit Flügeln in Paaren, zu dritt und zu viert. Er fügt der Kreatur hinzu, was Er will; siehe, Allah hat Macht über alle Dinge«, heißt es im Koran. Doch selbst der Prophet Mohammed erblickte den Engel Gabriel nur ein- oder zweimal in seiner himmlischen Gestalt, mit hunderten Flügeln, bedeckt mit schimmernden Federn, den Horizont ganz und gar verdeckend, die Füße auf der Erde und das Haupt in den Himmel emporragend. Dieser Anblick ließ ihn ohnmächtig zu Boden fallen! Wie die Überlieferung will, brachte der Engel ihn wieder zu Bewusstsein und bemerkte: »Was würdest du nur tun, wenn du Israfil* sähest! Sein Haupt reicht bis unter den Thron und seine Füße bis in die siebte Erde hinein! Vor Gott, dem Herrn jedoch wird er klein wie ein Gimpel.«

Da es nicht Gabriels Absicht war, den Propheten andauernd in Ohnmacht fallen zu lassen, machte er es sich zur Gewohnheit, Mohammed in der Gestalt von *Dihya al-Kalbi* zu besuchen: ein hübscher junger Mann von mittlerer Statur, in grüner Kleidung und mit einem seidenen Turban, der auf einem Pferd oder einem Esel ritt. So fiel er zur damaligen Zeit und in dieser Gegend nicht im Geringsten auf. Der Engel, ein himmlischer Dandy, ist eben modisch immer auf der Höhe der Zeit.

Die schönen Engel, die das Taktgefühl besitzen, die Menschen in menschlicher Gestalt zu besuchen, machen nur eine kleine Minderheit innerhalb der unendlich großen Engelswelt aus.

Eine Welt, die scharf bewacht wird. Nach dem Sündenfall tat Gott Folgendes: »Er vertrieb den Menschen und stellte östlich des Gartens von Eden die Cherubim auf und das lodernde Flammenschwert, damit sie den Weg zum Baum des Lebens bewachten.« Die Cherubim, die Engel-Wächter vor dem Königreich Gottes, haben Flügel. Gott selbst sagt dies, als er Mose auffordert, ihm ein transportables Heiligtum zu bauen, das der Ort Seiner Anwesenheit bei Seinem Volk sein soll, während es durch die Wüste zieht. Seine Konstruktionsanweisungen sind äußerst präzise: »Macht eine Lade aus Akazienholz, zweieinhalb Ellen lang, anderthalb Ellen breit und anderthalb Ellen hoch!« Die Bundeslade, dazu bestimmt, die Bundesurkunde zu verwahren, sollte mit purem Gold überzogen werden und auch eine Deckplatte aus Gold erhalten, mit Cherubim-Statuen an beiden Enden, deren ausgebreitete Flügel die Deckplatte beschirmten. Und das, obwohl die Zehn Gebote in der Bundeslade doch die Herstellung von Abbildern verbieten, was gerade Er doch hätte wissen müssen. Obwohl also Gott selbst gesagt hatte: »Du sollst dir kein Gottesbild machen und keine Darstellung von irgendetwas am Himmel droben, auf der Erde unten oder im Wasser unter der Erde«, befiehlt Er Mose:

Genesis (3, 24)

Exodus (25, 10)

Exodus (20, 4)

---

*   Israfil ist der Engel, der die Trompete zur Auferstehung bläst.

»Mach zwei Cherubim aus getriebenem Gold, und arbeite sie an den beiden Enden der Deckplatte heraus! […] Die Cherubim sollen die Flügel nach oben ausbreiten, mit ihren Flügeln die Deckplatte beschirmen, und sie sollen ihre Gesichter einander zuwenden; der Deckplatte sollen die Gesichter der Cherubim zugewandt sein. Setz die Deckplatte oben auf die Lade, und in die Lade leg die Bundesurkunde, die ich dir gebe. Dort werde ich mich dir zu erkennen geben und dir über der Deckplatte

Exodus (25, 18, 20–22)

zwischen den beiden Cherubim, die auf der Lade der Bundesurkunde sind, alles sagen, was ich dir für die Israeliten auftragen werde.«

Mal wieder typisch für Ihn. Hat er nicht auch Mord verboten und dann Abraham aufgefordert, Ihm seinen einzigen Sohn zu opfern – um ihn dann kurz vorher davon abzuhalten? Als ein Gott, der eifersüchtig ist (was Er ja bereitwillig zugibt), verbietet Er alle Darstellungen, die zur Götzenanbetung führen könnten, fordert aber andererseits die Anfertigung zweier Cherubim-Figuren, die sich der leeren Stelle Seines Wortes zuwenden. Wollte Er Seinen Hörern damit sagen, dass Er seit der Vertreibung aus dem Paradies noch immer auf Sendung ist? Oder dass Er selbst zwischen den beiden Darstellungen undarstellbar bleibt, Er, der stets unsichtbare, aber mehr denn je allzeit hörbare Gott: »Höre, Israel …« Das Heiligtum war das Radio Gottes in der Wüste.

Die irdischen Cherubim, Pendants der himmlischen Cherubim, deren Blicke der Quelle der prophetischen Inspiration zugewandt waren, besaßen die Gestalt von Männern mit Flügeln. Als Salomo viele Jahre später in Jerusalem, der Stadt, die sein Vater David erobert hatte*, einen festen Tempel für die Bundeslade bauen ließ, die seit dem Sesshaftwerden des Volkes Israel auch nicht mehr mobil sein musste, ließ er zwei Cherubim aus dem Holz wilder Olivenbäume anfertigen. Jeder ihrer Flügel war fünf Ellen lang, was 2,30 Meter entspricht, und »ihre Flügel waren so ausgespannt, dass der Flügel des einen Cherubs die eine Wand, der Flügel des zweiten Cherubs die andere Wand, die Flügel in der Mitte

1 Könige (6, 27)

des Raumes aber einander berührten.« Bis heute sieht man auf katholischen Altären häufig zu beiden Seiten bescheidene Repliken dieser biblischen Cherubim – artig kniend, während ihre Vorbilder aufrecht standen. Wie die jüdische Überlieferung berichtet, halten Engel sich nämlich ständig aufrecht, da sie keine Kniegelenke besitzen.

---

* um das Jahr 1000 v. Chr.

Der Gesang der Serafim

Über zwei Jahrhunderte nach dem Tod Salomos erfuhr man in Jerusalem von der Existenz weiterer Engel, und zwar dank eines besonders inspirierten Propheten: Jesaja. 740 v. Chr., »im Todesjahr des Königs Usija«, so berichtet er, »sah ich den Herrn. Er saß auf einem hohen und erhabenen Thron. Der Saum seines Gewandes füllte den Tempel aus. Serafim standen über ihm. Jeder hatte sechs Flügel: Mit zwei Flügeln bedeckten sie ihr Gesicht, mit zwei bedeckten sie ihre Füße, und mit zwei flogen sie. Sie riefen einander zu: ›Heilig, heilig, heilig ist der Herr der Heere. Von seiner Herrlichkeit ist die ganze Erde erfüllt.‹«

Jesaja (6, 1–3)

Mit zwei Flügeln bedecken die Serafim ihr Gesicht, weil sie sich in der Gegenwart Gottes befinden, mit zwei Flügeln bedecken sie ihre Füße – ein klassischer Euphemismus, mit dem damals das Geschlecht bezeichnet wurde (wahrlich!) – und mit zwei Flügeln fliegen sie. In den Kuppeln orthodoxer Kirchen begegnet man oft solchen sechsflügeligen Engeln. In Griechenland sehen sie ein wenig aus wie Merveilles (verschlungene, krapfenartige Beignets); in Russland ähneln sie eher strubbeligen Sternen.

Bei dem Engel, der den heiligen Franz von Assisi (1186–1226) zwei Jahre vor seinem Tod auf dem Berg Alverne stigmatisierte, handelte es sich ebenfalls um einen – gekreuzigten – Serafim. Im Louvre kann man das Gemälde bewundern, zu dem Giotto durch die Worte des heiligen Bonaventura inspiriert wurde: »Als er nun eines Morgens [...] am Bergeshang betete, sah er einen Seraf mit sechs feurigen, leuchtenden Flügeln von des Himmels Höhen herabschweben. Da er in blitzschnellem Fluge dem Orte nahe gekommen war, wo der Gottesmann betete, schaute Franziskus zwischen den Flügeln die Gestalt eines Gekreuzigten, dessen Hände und Füße zur Kreuzesgestalt ausgestreckt und ans Kreuz geheftet waren. Zwei Flügel waren über dem Haupte ausgespannt, zwei zum Fluge ausgebreitet, und zwei verhüllten den ganzen Körper.«

Franziskus, Engel des sechsten Siegels: Sein Leben nach den Schriften des heiligen Bonaventura

Noch berühmter ist die Marmorstatue von Gian Lorenzo Bernini in der römischen Kirche Santa Maria della Vittoria, die die Verzückung der heiligen Teresa von Avila darstellt. Der Anlass ihrer Extase war ebenfalls ein Seraf, auch wenn sie den menschlich wirkenden Unbekannten fälschlicherweise für einen anderen hielt: »Ich sah einen Engel zu meiner Linken, in leiblicher Gestalt, was mir nur ausnahmsweise vergönnt ist. Er war nicht groß, sondern klein, sehr schön, mit flammendem

Gesicht … Gewiss gehörte er zu denen, die man Cherubim nennt, doch sagen sie mir ihren Namen nicht …« Leider falsch geraten! Sie sah einen der Serafim, deren Name vom hebräischen Wort *saraph*, »verbrennen« abgeleitet ist. Der Engel wird Teresa mit einer goldenen Lanze »mehrmals ins Herz […] stoßen, bis zu den Eingeweiden, und diese mitsamt der Lanze [herausreißen]«, und sie bleibt »von großer Liebe zu Gott entflammt« zurück. Der Schmerz war so heftig, dass sie stöhnen musste, doch zugleich überstieg »die Süße dieses heftigen Schmerzes so sehr alles Maß, dass man nicht wünschen kann, er möchte ein Ende nehmen, und dass die Seele nur noch an Gott Gefallen findet«.

Quelle:
Marcelle Auclair,
*Das Leben der heiligen
Teresa von Avila*

Man weiß nicht, was im Laufe der Zeit die Phantasie mancher Herren stärker anregte, der Text oder die Skulptur, doch wenn sie gewusst hätten, wie die heilige Teresa ihren Text beendete (»Es ist ein so süßes Liebesgespräch, dass ich Gottes Güte anflehe, es jeden kosten zu lassen, der glaubt, dass ich lüge …«), wären sie sicher unverzüglich zum Beten auf die Knie gesunken!

Nicht nur auf Bildern und Skulpturen, sondern auch in der Musik findet man das Erbe der Engel. Ihr Lobpreis, den sie »ausrufen«[*], wurde in der Liturgie unter den Bezeichnungen *Keduscha* (hebräisch), *Sanctus* (latein) und *Trishagion* (griechisch) übernommen. *Kadosch, kadosch, ka-*

Jesaja (6, 3)

dosch, Adonai sebaot bedeutet: »Heilig, heilig, heilig, der Herr der Heere«, und das heißt: Herr der Engel, da sie die Armeen Gottes bilden. Nach

Talmud,
Chagigah (12 b)

der jüdischen Überlieferung singen die Engel das Keduscha nachts, schweigen aber tagsüber, wenn die Menschen beten. Himmel und Erde antworten sich gegenseitig. Bei den Christen ist man der Auffassung, die irdische Liturgie nehme an der himmlischen teil, die seit Christi Himmelfahrt ununterbrochen gesungen wird. Im Übrigen glaubt man, die Engel besuchten gemeinsam mit den Menschen die Messe. Wie Johannes Chrysostomos sagt, sind während der Eucharistie das gesamte Sanktuarium und der Raum um den Altar voller himmlischer Armeen zu Ehren dessen, der sich auf dem Altar befindet, wie Soldaten, die den König umgeben. Auch islamische Moscheen ziehen während der Gebetsstunden Scharen reisender Engel an.

---

[*] Das hebräische Wort *qara* bedeutet: »mit lauter Stimme das heilige Wort sprechen«.

Gott, von seinen Engeln getragen

Während Jesaja Gott auf seinem Thron sitzend gesehen hatte, erblickte fast 150 Jahre später Ezechiel das, was sich unter dem Thron befand: einen Wagen. Im Jahr 592 v. Chr. wurde der Tempel Salomos zerstört, und Gott, erneut zum Nomaden geworden, zog mit seinem Volk. Als Erstes nimmt der Prophet Ezechiel die Säule aus Rauch und Feuer wahr, die die Hebräer bei ihrem Auszug aus Ägypten begleitete und die Jesaja im Tempel von Jerusalem gesehen hatte. Die Talmudisten bezeichneten sie später als *Schechina*, »Einwohnung Gottes« ... In der Bibel berichtet Ezechiel über die »Erscheinung Gottes«:

»Ich sah: Ein Sturmwind kam vom Norden, eine große Wolke mit flackerndem Feuer, umgeben von einem hellen Schein. [...] Mitten darin erschien etwas wie vier Lebewesen. Und das war ihre Gestalt: Sie sahen aus wie Menschen. Jedes der Lebewesen hatte vier Gesichter und vier Flügel. Ihre Beine waren gerade und ihre Füße wie die Füße eines Stieres; sie glänzten wie glatte und blinkende Bronze. Unter den Flügeln an ihren vier Seiten hatten sie Menschenhände. Auch Gesichter und Flügel hatten die vier. Ihre Flügel berührten einander. Die Lebewesen änderten beim Gehen ihre Richtung nicht: Jedes ging in die Richtung, in die eines seiner Gesichter wies. Und ihre Gesichter sahen so aus: Ein Menschengesicht (blickte bei allen vier nach vorn), ein Löwengesicht bei allen vier nach rechts, ein Stiergesicht bei allen vier nach links und ein Adlergesicht bei allen vier (nach hinten). Ihre Flügel waren nach oben ausgespannt. Mit zwei Flügeln berührten sie einander, und mit zwei bedeckten sie ihren Leib. Jedes Lebewesen ging in die Richtung, in die eines seiner Gesichter wies. Sie gingen, wohin der Geist sie trieb, und änderten beim Gehen ihre Richtung nicht. [...] Die Lebewesen liefen vor und zurück, und es sah aus wie Blitze.« *Ezechiel (1, 4–12, 14)*

Das furchterregende Aussehen dieser seltsamen Engel, Mischwesen aus Mensch und Tier, erklärt man sich durch den Einfluss der Statuen des babylonischen Kultes, die die Juden im Exil zu jener Zeit zu Gesicht bekamen. Wie dem auch sei: Die unsichtbare Welt muss zwangsläufig unvorstellbar bleiben, selbst wenn man versucht, sie mit Worten zu beschreiben.

Denn das ist noch nicht alles. An der Seite dieser Lebewesen mit den vier Gesichtern *(chajot)* befinden sich Räder *(ofanim)*, welche ebenfalls Engel sind und die Lebewesen bei ihren Bewegungen begleiten: »Sie

Ezechiel (1, 17–18)

konnten nach allen vier Seiten laufen und änderten beim Laufen ihre Richtung nicht. Ihre Felgen waren so hoch, dass ich erschrak; sie waren voll Augen, ringsum bei allen vier Rädern.«

Über den Lebewesen befindet sich »etwas, das wie Saphir aussah und einem Thron glich« und darauf saß »eine Gestalt, die wie ein Mensch aussah«, umgeben von Feuer und einem wie ein Regenbogen schillerndem Licht: die Glorie Gottes.

Welcher Sinn steckt hinter der Vision Ezechiels?

Betrachten wir zunächst einmal die Vorstellung von Gott. Warum schreibt ihm die Heilige Schrift so oft einen menschlichen Körper zu, ein Gesicht, Arme, Füße, Hände und sogar einen besonders markanten Finger, obwohl er doch reiner Geist ist – was niemand bezweifeln wird? Voltaire bemerkte in diesem Zusammenhang ironisch, wenn Gott den Menschen nach seinem Ebenbild geschaffen habe, habe der es ihm mit gleicher Münze heimgezahlt. Ein alter Midrasch erklärt das Phänomen jedoch eigentlich genau andersherum: Diese bildhaften Darstellungen seien nicht etwa auf eine Projektion der Menschen zurückzuführen, sondern entsprächen Seinem eigenen Wunsch, sich des Vokabulars Seiner Geschöpfe zu bedienen, um Seine Beziehung zur Welt auszudrücken.

Quelle: Aryeh Kaplan,
La Méditation et la Bible

Und der Wagen mit den seltsamen Engeln, den Ezechiel beschreibt? Er bildet die Grundlage der ältesten jüdischen Mystik, die lange vor der Kabbala entstand – die Merkawa. Den Mystikern gelingt es, Gott jenseits des menschlichen Verstandes zu betrachten und das Unsichtbare zu sehen. Ihre Erfahrungen sind praktisch nicht mitteilbar, doch die Grundzüge ihres Vorgehens sind verständlich.

Um bei Gott anzukommen, hängen sich die Mystiker der Merkawa an den Wagen Ezechiels. Ihrer Meinung nach versinnbildlicht seine Vision die vier spirituellen Universen, die den vier Buchstaben des Gottesnamens entsprechen: JHWH (Jahwe), und zwar nach dem Bibelvers: »Denn jeden, der nach meinem Namen benannt ist, habe ich zu meiner

Jesaja (43, 7)

Ehre erschaffen, geformt und gemacht.« Sie erkennen darin die vier Welten zwischen Gott und dem Menschen: die der Herrlichkeit, die der Schöpfung, die der Formung und die der Fertigung. Und der Weg zu Gott kann infolge dieser Überlegungen nur ein Hinaufsteigen von der Welt der Fertigung bis hin zur Welt der Herrlichkeit sein.

Das Universum der Fertigung (assiya), das sich ganz unten befindet, also die physische Welt, in der wir leben, entspricht den *Ofanim*: den Rädern in der Vision Ezechiels. Die darüber liegende Welt der Formung *(jetzira)* sei die Welt der Engel, die die Verbindung zwischen Gott und unserer Welt herstellt; sie entspricht den *chajot*, den Lebewesen mit den vier Gesichtern. Darüber liegt das Universum der Schöpfung *(beriya)*, das sich »über dem Gewölbe, das über den Köpfen der Engel emporragt« erhebt und in dem sich der Thron befindet. Gott lässt sich darauf nieder, das heißt, Er beugt sich aus sich selbst heraus zu uns herunter. Ganz oben schließlich liegt das höchste Universum, das der Herrlichkeit Gottes *(atzilut)*, das bei Ezechiel von dem Mann auf dem Thron repräsentiert wird. Dort erblickt man die Sefirot, die göttlichen Emanationen, denn »die Liebe ist Seine rechte Hand, die Kraft Seine linke Hand, die Herrlichkeit Sein Körper, der Sieg und der Glanz Seine beiden Füße. Die Weisheit ist Sein Gehirn, Sein Verstand, Sein Herz. Die höchste Krone ist der Ort, an dem sich die Tefillin* befinden …«

Der Sohar (Einleitung zum Tikkune ha-Sohar, einem Teil des Sefer ha-Sohar)

Zwar kann man den Weg, den die Mystiker der Merkawa beschritten, einigermaßen nachvollziehen, doch es ist schwierig, herauszufinden, wie sie ihr Ziel erreichten. Aryeh Kaplan, ein Spezialist auf diesem Gebiet, vertritt die Hypothese, dass sie bestimmte Verse mit zweiundsiebzig Buchstaben** benutzten, zum Beispiel den ersten Vers im Buch Ezechiel (»Am fünften Tag des vierten Monats im dreißigsten Jahr, als ich unter den Verschleppten am Fluss Kebar lebte, öffnete sich der Himmel und ich sah eine Erscheinung Gottes.«), und dass sie diese Verse wie Mantras wiederholten, bis sie sahen, wie sich die Himmel öffneten. Mystik und Mysterium haben schließlich dieselbe Wurzel …

Christliche Künstler, große Maler und Bildhauer, stellten zwar zahlreiche Engel dar, wagten sich aber nicht an die Vision Ezechiels heran, dessen Wagen zu wundervoll und beweglich war, um ihn in einer starren Abbildung einzufangen. Ein Basrelief der Kathedrale von Amiens zeigt einen nachdenklichen Ezechiel, den Kopf auf die Hand gestützt, der zwei armselige kleine, ineinander greifende Räder betrachtet, als würde er selbst angesichts dieser kläglichen Darstellung verzweifeln.

---

* *Tefillin*: hebräisch »Gebetsriemen«, zwei schwarze Lederkapseln, die spezielle auf Pergament geschriebene Schriftverse enthalten und von männlichen Juden (nach ihrer Bar Mizwa) am linken Arm und an der Stirn in Erfüllung des Gebotes Dtn 6, 8 festgebunden werden. Die Lederkapseln enthalten die Schriftabschnitte Ex 13, 1–10, Ex 13, 11–16, Dtn 6, 4–9 und Dtn 11, 13–21.

** Eine andere Art, den Namen Gottes zu »zählen«, der sich im Hebräischen mit den Buchstaben *Jod, He, Waw, He* schreibt und im Allgemeinen als »Jahwe« vokalisiert wird. Da J = 10, H = 5 und W = 6 zählen, ergibt J + JH + JHW + JHWH = 72.

Mit den *chajot* hingegen, den Lebewesen, den vierköpfigen Engeln, die den Thron Gottes stützen und die in ihrer Bibel als Tiere bezeichnet werden – wahrscheinlich wegen ihrer Hufe –, sollten die Künstler auf ganz besondere Weise umgehen. Nicht zuletzt aus dem Grund, weil sie nicht nur bei Ezechiel, sondern auch in der Offenbarung des Johannes eine Rolle spielen.

Die Metamorphose der Lebewesen

Bis zur Offenbarung, die etwa 650 Jahre nach Ezechiel, also gegen Ende des I. Jahrhunderts n. Chr. entstand, hatten sich die Lebewesen verwandelt. Statt vier Köpfe hatten sie nur noch einen; und nun besaßen sie auch Augen, die sich vorher auf den Rädern des Wagens befunden hatten. Dieser hingegen war nutzlos geworden: »Und vor dem Thron war etwas wie ein gläsernes Meer, gleich Kristall. Und in der Mitte, rings um den Thron, waren vier Lebewesen voller Augen, vorn und hinten. Das erste Lebewesen glich einem Löwen, das zweite einem Stier, das dritte sah aus wie ein Mensch, das vierte glich einem fliegenden Adler. Und jedes der vier Lebewesen hatte sechs Flügel, außen und innen voller

Offenbarung (4, 6–8) Augen.«

Im 2. Jahrhundert meinte der heilige Irenäus, in den vier Lebewesen die vier Evangelisten zu erkennen. Neben dieser Interpretation entstanden später noch zwei weitere, und alle drei konnten sich derart erfolgreich verbreiten, dass symbolische Abbildungen, die daraus entstanden,

Quelle: Emile Mâle, *Die kirchliche Kunst des XIII. Jahrhunderts in Frankreich* (Buch I, Kap. 2) um die Figur Christi herum auf allen Portalen mittelalterlicher Kirchen dargestellt sind. Im 12. Jahrhundert glaubte man zum Beispiel, die vier Lebewesen symbolisierten gleichzeitig Jesus Christus, die Tugenden der Auserwählten und die Evangelisten. Man dachte, das Lebewesen mit dem menschlichen Antlitz repräsentiere die Inkarnation, da Gott in Jesus zum Menschen geworden sei. Das Rind dagegen stelle die Passion dar, in der Christus selbst zum »Opfertier« wurde. Der Löwe symbolisiere die Auferstehung, da man zur damaligen Zeit glaubte, Löwen schliefen mit offenen Augen, und der Adler sei ein Sinnbild für Christi Himmelfahrt. Die Tugenden der Auserwählten sah man folgendermaßen repräsentiert: Ein Christ muss ein vernunftbegabter Mensch sein, bereit, sich wie ein Kalb zu opfern, furchtlos wie ein Löwe und außerdem fähig, der Ewigkeit ins Gesicht zu schauen wie der Adler der Sonne.

Und dann die vier Evangelisten: Das Attribut des Matthäus ist der Mensch, da sein Evangelium mit der menschlichen Genealogie Jesu beginnt. Markus wird durch den Löwen repräsentiert, weil sein Bericht mit der Stimme des Propheten beginnt, der in der Wüste ruft. Lukas' Symbol ist der Stier, weil er zu Beginn vom Opfer des Zacharias erzählt. Johannes schließlich ist der Adler, das einzige Geschöpf, das der Sonne ins Angesicht blickt, da sein Evangelium mit Gott selbst anfängt.

Heute ist nur noch letztere Interpretation lebendig, die zugleich die erste war, und so werden die Evangelisten stets in Gesellschaft ihres himmlischen Lebewesens dargestellt. Das Wissen um diese Symbolik ist praktisch Teil der Allgemeinbildung und erlaubt es zum Beispiel, japanischen Touristen die Präsenz eines geflügelten Löwen auf dem Markusplatz in Venedig zu erklären. Und sogar in einem »Tim und Struppi«-Band wäre es Tim nie gelungen, den Schatz von Rackham-der-Rote zu finden, der unter dem »Kreuz des Adlers« verborgen lag, wenn er in diesem Adler nicht die Statue des heiligen Johannes erkannt hätte, die versteckt zwischen dem Trödelkram der Brüder Loiseau in Moulinsart herumstand.

Auch im Islam sind die Lebewesen aus der Vision des Ezechiel bekannt; der Koran nennt sie »Thronträger-Engel« *(Hamalāt al-'arš)* und verkündet, sie würden am Tag des Jüngsten Gerichts zu acht sein.[*] Bis dahin sind sie zu viert, wie bei Ezechiel und in der Offenbarung des Johannes, und sie erscheinen ebenfalls als Mensch, Stier, Löwe und Adler. Nach muslimischer Überlieferung sorgen sie für die Nahrung der irdischen Geschöpfe: der erste Engel für die der Menschen, der zweite für die der Lasttiere, der dritte für die der wilden Tiere und der vierte für die der Vögel.

Zwei befinden sich unter dem »rechten Fuß« Gottes, die beiden anderen unter dem »linken Fuß«; den Thron tragen sie auf dem Rücken. Diese Engel, die Gott am nächsten sind, müssen eine kosmische Größe besitzen, da Mika(i)l (der Erzengel Michael), nachdem er Gott um die Erlaubnis gebeten hatte, um den Thron herumzugehen, zwölftausend Jahre marschierte, ohne je einen der Pfeiler zu erreichen. Erschöpft gab

---

[*] »Und die Engel werden zu Seinen Seiten sein, und acht werden den Thron deines Herrn ob ihnen tragen an jenem Tage.« Koran (69, 17)

er auf. Dazu muss man wissen, dass ein einziger Fuß dieser Engel so lang ist, dass siebentausend Jahre Fußmarsch erforderlich wären, um ihn abzuschreiten. Dieses Maß, das vor der Zeit der Aufklärung kursierte, lässt die Schlussfolgerung zu, dass ein Fuß dieser Engel 1634 Milliarden Kilometer lang sein müsste, vorausgesetzt, man wäre Tag und Nacht ununterbrochen in normalem Tempo unterwegs. Zum Vergleich muss angeführt werden, dass ein Engel von wesentlich niedrigerem Rang, willkürlich aus der jüdischen Literatur herausgegriffen, also beispielsweise Sandalfon, als groß betrachtet wird, weil er seine Kameraden um eine Wegstrecke von 500 Jahren (also 234 Millionen Kilometer) überragt. Doch er würde noch nicht einmal an die Knöchel der gigantischen Thronträger reichen! Aufgrund dieser kosmischen Größenverhältnisse *Ihya' 'ulum ad-din* unterteilen die Muslime die Engel im Allgemeinen in drei Kategorien: *(Al-Gazzalis Buch* die Thronengel, die himmlischen Engel und die irdischen Engel. *vom Gottvertrauen)*

Die himmlische Hierarchie

Und wie sieht es bei den Christen aus? Der Evangelist Johannes war nicht der Einzige, der im 1. Jahrhundert n. Chr. den Himmel schaute. Auch Paulus wurden vom Herrn Offenbarungen geschenkt: »Ich kenne jemand, einen Diener Christi, der vor vierzehn Jahren bis in den dritten Himmel entrückt wurde; ich weiß allerdings nicht, ob es mit dem Leib oder ohne den Leib geschah, nur Gott weiß es. Und ich weiß, dass die *2 Korinther* ser Mensch in das Paradies entrückt wurde; ob es mit dem Leib oder *(12, 2–3/4)* ohne den Leib geschah, weiß ich nicht, nur Gott weiß es. Er hörte unsagbare Worte, die ein Mensch nicht aussprechen kann.« Mit Sicherheit spricht der heilige Paulus an dieser Stelle von sich selbst. Doch was sah er? Darüber schweigt er. Allerdings erwähnt er in zwei seiner Briefe verschiedene Arten von Engeln, die er jedoch lediglich in Form einer Aufzählung nennt: »Fürsten und Gewalten, Mächte und Herrschaften« *Epheser (1, 21) und* bzw. »Throne und Herrschaften, Mächte und Gewalten«. *Kolosser (1, 16)*

Die Christen kennen also aus der Bibel die Cherubim, die Wächter des Paradieses, von denen in der Genesis berichtet wird, die lobpreisenden Serafim mit sechs Flügeln, wie Jesaja sie sah, die Lebewesen, die den Thron trugen, aus den Visionen Ezechiels und Johannes', die gut aussehenden Engel-Sendboten, wie sie überall in der Heiligen Schrift auftauchen sowie die Namen von drei der sieben Erzengel: Michael, Gabriel und Rafael. Zudem liegt ihnen diese rätselhafte paulinische Aufzählung vor, von der sie nicht so recht wissen, was sie davon halten sollen. Zu Beginn des 5. Jahrhunderts äußert Augustinus seine Ratlosigkeit darüber, indem er sagte, er glaube fest, dass es im Himmel Throne, Herrschaften, Mächte und Gewalten gebe, Begriffe, mit denen der heilige Paulus die Gesellschaft der Engel zu bezeichnen scheine. Er glaube ebenfalls, dass sich diese Gruppen voneinander unterscheiden, doch er müsse zugeben, auch wenn man ihn deswegen geringschätzen solle, dass er nicht wisse, was sie darstellen und worin sie sich unterscheiden.

Es sollte noch ein Jahrhundert dauern, bis man es herausfand. Zu Beginn des 6. Jahrhunderts erschien endlich ein Buch, das auf all diese Fragen eine Antwort wusste: *Über die himmlische Hierarchie* von Dionysios Areopagita. Die Person des Dionysios ist wohl bekannt: Er war ein Philosoph aus Athen, der von Paulus bekehrt wurde, wie in der Apostelgeschichte zu lesen ist. Der Apostel hatte Dionysios alles von seiner Reise in den dritten Himmel erzählt und ihn damit tief beeindruckt.

Apostelgeschichte (17, 34)

Im Orient übernahm man das Konzept der himmlischen Hierarchie sofort. In der Westkirche dagegen wurde es zwar ebenfalls schon kurze Zeit später von Papst Gregor gelehrt, konnte sich jedoch erst ab dem 9. Jahrhundert – nachdem das Werk des Dionysios ins Lateinische übersetzt worden war – wirklich verbreiten, bis es schließlich im 13. Jahrhundert auch von Thomas von Aquin übernommen wurde.

Thomas von Aquin, *Summe der Theologie* (108. Untersuchung, 5. Feststellung)

Dionysios Areopagita, auch Pseudo-Dionysios genannt, teilte die Engel in neun Klassen ein, die zu drei Hierarchien zusammengefasst sind, eine Einteilung, die bis heute maßgeblich ist.

Die Erste Hierarchie, die der getreuen Engel, die sich nie weit von Gott entfernen, ist die Sphäre des Geistes. Zu ihr gehören die Serafim, die Cherubim und die Throne. Die Serafim (von hebräisch *saraf*, »brennen«) brennen vor Gottesliebe. Nach Thomas von Aquin reinigen und erleuchten sie die anderen durch das Feuer ihrer Barmherzigkeit. Die Cherubim (möglicherweise besteht eine Verbindung zu dem akkadischen Wort *karabu*, »segnen«) sind zur Verehrung der Weisheit Gottes, der Schönheit und der Ordnung der Dinge da. Die Thronen (gelegentlich auch *ofanim* oder Räder genannt) sollen über die Gerechtigkeit im Himmel wachen und Gott als Sitz dienen. Über der Erde schwebend, empfangen sie Gott und tragen Ihn zu den unteren Ordnungen.

Quelle für Angaben über die himmlische Hierarchie: Charles Panati, *Populäres Lexikon der religiösen Gegenstände und Gebräuche*

Die Zweite Hierarchie, die Sphäre der Erleuchtung und Heimat der Seele, verbindet die Erste Hierarchie mit der Dritten: Sie steht weder in direktem Kontakt zu Gott noch zu den Menschen. Sie empfängt das göttliche Licht, beseelt und ordnet die Welt und schmückt sie mit Schönheit. Zu ihr gehören die Herrschaften, die Kräfte und die Mäch-

Charles Panati, op. cit., S. 85

te. »Die Herrschaften sind die himmlischen Hausverwalter; sie regeln das Tun und Treiben im Himmel.« Die Kräfte »tun Wunder« und »bieten moralische Stütze in schweren Zeiten, sie schenken Mut und Gottes Gnade«. Die Mächte streben dem Vorbild der göttlichen Macht nach und leiten Befehle nach unten weiter. Sie schützen und bewachen die Menschen vor dem Bösen. »Die Engel dieser Zweiten Hierarchie sind

Charles Panati, op. cit., S. 85

Diener und Helfer, die die Erde und den Himmel beschützen.«

Die Dritte Hierarchie, die der Reinigung oder der materiellen Welt, steht in Kontakt zu den Menschen. Zu ihr gehören die Sendboten und die Wächter: Fürstentümer, Erzengel und Engel. Die Fürstentümer gehorchen den Befehlen der hierarchisch übergeordneten Engel und führen ihrerseits die unter ihnen stehenden. Außerdem kümmern sie sich um das Wohlergehen der ganzen Welt. Die Erzengel sind die Fürsten der Engel und »kündigen große Dinge an«, wie der heilige Gregor lehrte. Die Engel schließlich, die untersten in der Hierarchie, stehen den Menschen am nächsten. Als ihre Wegbereiter weihen sie sie in die göttlichen Mysterien ein.

Darstellungen der neun Klassen der Engel findet man in allen Kathedralen, und zwar in Form neun leuchtender Kreise, deren Schein heller wird, je näher sie sich an der göttlichen Quelle des Lichts befinden. Auf dem Südportal der Kathedrale von Chartres tragen die Serafim und Cherubim, die Gott am nächsten sind, Flammen und Feuerkugeln. Im Orient haben die Serafim drei Paar rote Flügel, die Cherubim vier blaue Flügel. Die Thronen werden in Form von glühenden Rädern dargestellt, geflügelt und voller Augen. Die Herrschaften treten in Gestalt von Frauen mit Helmen und Schwertern auf. Die Kräfte, besonnene Wesen, tragen ein Buch unter dem Arm, während die Mächte ein kriegerisches Aussehen haben. Die Erzengel sind einzeln abgebildet: Michael trägt eine Lanze, Gabriel, der Sendbote, eine Laterne, und Rafael, der Heiler, einen Topf mit Salbe.

Diese Bilder sind typisch mittelalterlich. Nach der Renaissance stellten die Christen, vom Humanismus beeinflusst, nur noch die beiden unteren Klassen der Dritten Hierarchie dar, die Engel und die Erzengel, die sich um die Menschen kümmern. Die Schutzengel, ob gnädig oder streng, verlieren sich manchmal in der molligen, lächelnden Schar der kleinen Putten mit Kindergesichtern. Nur die starke Persönlichkeit Michaels mit dem Drachen zu seinen Füßen hat weiter Fortbestand.

Erst nachdem man gegen Ende des 19. Jahrhunderts die Sprache und die Konzepte des Dionysios analysiert hatte, wurde deutlich, dass sein neuplatonisches Vokabular für den Heiligen, als den er sich ausgab, recht unzeitgemäß war. In Wirklichkeit handelte es sich bei dem Verfasser der *Himmlischen Hierarchien* um einen syrischen Mönch aus dem 5. oder 6. Jahrhundert, dessen wahre Identität ungeklärt ist und der unter dem Pseudonym des ersten Bischofs von Athen schrieb, um seinen Worten mehr Gewicht zu verleihen. Daher nannte man den großen Organisator des christlichen Himmels fortan den Pseudo-Dionysios, analog etwa zum Pseudo-Henoch. Dem Pseudo-Dionysios war es allerdings gelungen, auf brillante Weise das griechisch-philosophische mit dem christlichen Denken zu verknüpfen. Sollte man also nun bloß wegen des Namensmissbrauchs die in ihre Flügel gehüllten Serafim und die Thronen mit Augen groß wie Tamburine aus der florentinischen Taufkapelle entfernen?

Dies wurde keinen Moment lang ernsthaft in Betracht gezogen. Im Gegenteil: Die Neuigkeit vom Pseudo-Dionysios stieß auf allgemeines Desinteresse. Denn wen kümmerte schon noch die himmlische Hierarchie? Schon seit langem interessierte man sich für den Zustand des Himmels nur noch in Form von Wetterberichten.

Kapitel VII

In dem die Geschichte der Menschen erzählt wird,
die lebendig in den Himmel kamen und in dem
darüber berichtet wird, was sie dort gesehen haben.

In dem wir den Spuren Mohammeds auf seinem
geflügelten Reittier folgen.

In dem wir uns für die dreifache Karriere der
großen Erzengel Michael und Gabriel im Juden-
tum, Christentum und im Islam interessieren.

In dem ein hübsches Märchen erzählt wird.

Himmlische
Streifzüge

Während einerseits Engel zur Erde hinunterkommen, gibt es andererseits auch Menschen, die in den Himmel hinaufsteigen, und zwar für gewöhnlich deshalb, weil sie tot sind. »Sie sind aber nicht wieder runtergekommen, um uns davon zu berichten«, wird die öffentliche Meinung darauf misstrauisch erwidern. »Man kennt keinen, der aus der Welt des Todes befreit«, sagten bereits, ein wenig gehoben, die Frevler zu Zeiten König Salomos. Allein Henoch und Elias stiegen in den Himmel auf, ohne vorher gestorben zu sein. Manche jüdische Überlieferungen erheben sie daher zu Engeln; Henoch sollte, unter dem Namen Metatron, sogar der Größte und Mächtigste von ihnen allen sein, der »Engelfürst« oder »Fürst der Anwesenheit«. Doch die Augenzeugenberichte, die man Henoch zuschreibt, liegen zeitlich zu weit von seinem Einzug in den Himmel entfernt, um als authentisch gelten zu können.

Weisheit (2, 1)

Mit dem Christentum begann die Ära der Wiederauferstandenen, doch leider schweigen sich diese durchweg über ihre Reiseeindrücke aus. Der undankbare Lazarus, den Jesus vier Tage nach seinem Tod wiederbelebte, obwohl seine Schwestern einwandten: »Herr, er riecht aber schon«, gab bei Verlassen seines Grabes keine Pressekonferenz. Ohne ein Wort zu sagen wickelte er seine Leichenbinden ab. Höchstwahrscheinlich rollte er sie anschließend wieder ordentlich auf, denn schließlich konnte man sie ja noch einmal gebrauchen. Lazarus war ja nur ein Lebender auf Bewährung; seine momentane Wiederauferstehung war nur ein Aufschub seines zweiten, diesmal unwiderruflichen Todes.

Johannes (11, 39)

Jesus selbst ist der Erstgeborene unter den Wiederauferstandenen. Nach dem christlichen Glaubensbekenntnis ist er »hinabgestiegen zur Hölle und am dritten Tage wieder auferstanden von den Toten«. Dort unten befreite er die Gefangenen des Todes, die Gerechten, die Patriarchen sowie Adam und Eva, denen durch seinen Tod die Erbsünde erlassen wurde. Obwohl von dieser Reise in den Evangelien nicht berichtet wird, werden Szenen daraus in den Werken des Mittelalters geschildert. Zwischen seiner Wiederauferstehung und seiner Himmelfahrt spricht Jesus diese Frage nicht an. In seinem Gesprächen mit den Jüngern geht es um das Leben – was den Tod betrifft, so werden sie schon sehen: Auf jeden Fall wird er sie am Jüngsten Tage wieder auferstehen lassen.

Keiner der Jünger hat übrigens daran gedacht, ihn auf seine Erlebnisse im Jenseits anzusprechen. Der Erste, der auf die Idee kam, beschäftigte sich erst so spät damit, dass er zwangsläufig suspekt war und daher als apokryph betrachtet wurde: Der älteste Bericht von Jesu Reise durch die Hölle findet sich im »Evangelium nach Bartholomäus«, das aus dem 3. Jahrhundert n. Chr. stammt.

Unter den großen Verkündern des Monotheismus ist Mohammed also ein Sonderfall: Er besuchte die Himmel zusammen mit dem Engel Gabriel und erzählte anschließend den bass erstaunten Einwohnern Mekkas davon. Diese spirituelle Himmelfahrt Mohammeds *(Mi'radsch)*, vom Koran bezeugt, wird von den Muslimen allgemein anerkannt und ist sogar datiert. Es gibt zahlreiche Überlieferungen zu diesem Thema.

Quelle: Alfred Pfabigan,
*Gottes verbotene Worte:
Was die Bibel verschweigt*

Koran (17, 1)

Ein nächtlicher Spazierritt

Es geschah in Mekka, in der Nacht des 27. *Rabi'u'l-Awwal* 620. Im Halbschlaf sah der Prophet die Erscheinung von drei Personen in seinem Schlafzimmer, darunter die Engel Michael und Gabriel. Der Engel Gabriel, das Gesicht weiß wie Schnee und mit blondem langem Haar, öffnete Mohammed die Brust und wusch sein Herz im Brunnen Samsam von jeder Spur des Zweifels und des Irrtums rein. Danach erfüllte er es mit Glauben und Wissen, die er aus einem goldenen Kelch schöpfte. Dann verschloss Gabriel die Brust des Propheten wieder und führte ihn an der Hand zu einem etwa eselsgroßen, strahlend weißen Reittier mit Flügeln und einem Frauenkopf. Sein Name war *Buraq*★ (»der Glänzende«), und es konnte mit einem Schritt bis zum Horizont gelangen.

★ Dieses wundersame Reittier ist der sprachliche Vorfahr des spanischen Esels *(borrico)* sowie französischen Bezeichnungen für dieses störrische Tier *(bourricot, bourrique)* – kleine Hinterlassenschaften der Reconquista.

Sie flogen über Berge und Dünen. Unterwegs machten sie auf dem Berg Sinai Halt, wo Gott zu Mose gesprochen hatte, in Bethlehem, wo Jesus geboren wurde und in Hebron, wo sich das Grab Abrahams befindet. In Jerusalem stieg Mohammed schließlich von seinem Reittier ab und kletterte an einer Leiter aus Licht in den Himmel hinauf, die genau an jener Stelle festgemacht war, an der Abraham beinahe seinen Sohn geopfert hätte. Der Schwung aufwärts war so heftig, dass der Fuß des Propheten und die Hand des Engels einen Abdruck im Boden hinterließen. Noch heute werden den Besuchern unter der goldenen Kuppel des Felsendoms ihre Spuren gezeigt.

Sie erreichen den untersten Himmel, den des Mondes und der Sterne, wo Mohammed Adam begrüßt. Im zweiten Himmel trifft er Jesus und dessen Cousin Johannes den Täufer, im dritten Henoch *(Idris)*, im vierten Josef *(Yusuf)*, im fünften Aaron *(Harun)*, im sechsten Mose *(Musa)* und im siebten Himmel Abraham *(Ibrahim Khalilu'llah)*, der am Haus der Engel lehnt, jener himmlischen Moschee, in der jeden Tag 70 000 Engel ein und aus gehen, die nie wieder dorthin zurückkehren.

Danach wird Mohammed zum Lotos-Baum des Äußersten *(Sidratu'l-Muntaha)* gebracht, ein Baum des siebten Himmels, dessen Blätter so groß wie Elefantenohren sind. Hinter ihm liegt das Unbekannte. Dann überquert er endlose Ozeane, Zonen des Feuers, des Gases, der Leere, des Lichts, der Schönheit, der Perfektion, der höchsten Gewalt und der Einheit. Schließlich führt ihn ein mysteriöses Licht in die Nähe des göttlichen Throns. Eine eisige Kälte erfasst ihn, gefolgt von einer strahlenden Milde, und dann »offenbarte [Gott] Seinem Diener, was Er offenbarte«. Koran (53, 10)

Der Überlieferung zufolge hat Mohammed Gott nicht erblickt, sondern Ihn mit seinem Herzen wahrgenommen. Sie sprachen miteinander durch die Vermittlung eines Engels.

Zum Abschluss dieser Unterhaltung trug Gott seinem Propheten auf, den Gläubigen fünfzig Gebete am Tag vorzuschreiben. Auf dem Heimweg kommt Mohammed wieder bei Mose vorbei.

»Dann kehrte ich um, und als ich an Mose vorbeikam, fragte er mich: ›Welchen Befehl hast du bekommen?‹ Und ich erwiderte: ›Fünfzig Gebete am Tag.‹ Darauf erwiderte er: ›Wahrlich, dein Volk wird es nicht schaffen, fünfzig Gebete am Tag zu verrichten. Ich schwöre dir bei Gott, ich habe das selbst schon versucht. Ich habe diesen Befehl den Kindern Israels weitergegeben, aber das Ergebnis war nicht wie erwünscht. Kehre zu deinem Herrn zurück und bitte ihn um Erleichterung.‹«

Quelle:
Thomas P. Hughes,
Lexikon des Islam, S. 711

Daraufhin kehrt Mohammed um, und Gott erlässt ihm zehn Gebete. Mose, der ihn schon erwartet, schickt ihn aus demselben Grund wie zuvor wieder dahin zurück, woher er kommt. Bei jeder Reise verringert sich die Anzahl der Gebete: vierzig, dreißig, zwanzig, zehn. Bei der fünften Rückkehr Mohammeds fragt Mose wieder:

»›Wie viele sind dir aufgetragen?‹ Und ich erwiderte: ›Fünf Gebete am Tag.‹ Darauf erwiderte er: ›Wahrlich, dein Volk wird es nicht schaffen, fünf Gebete am Tag zu verrichten. Ich schwöre dir bei Gott, ich habe diesen Befehl den Kindern Israels gegeben und die größten Schwierigkeiten bekommen. Kehre zu deinem Herrn zurück und bitte ihn um Erleichterung.‹ Ich aber erwiderte: ›Ich habe so lange gebetet, dass ich mich schon schäme. Ich kann nicht zu ihm zurückkehren. Ich bin auch zufrieden und lege die Mühen meines Volkes in die Hände Gottes.‹«

Deswegen mussten die Muslime fortan fünf Gebete pro Tag verrichten, und so ist es bis heute.

Danach kletterte Mohammed die leuchtende Leiter wieder hinunter bis nach Jerusalem, stieg auf sein geflügeltes Reittier und kehrte nach Mekka zurück.

Dort rief sein Bericht am nächsten Tag bei seinen Mitbürgern eine gewisse Ungläubigkeit, ja sogar offene Heiterkeitsausbrüche hervor. Bis man Abu Bakr* holen ließ, der schon nach Jerusalem gereist war. Die Beschreibung Mohammeds (der vor seinem Ritt auf *Buraq* die Stadt Jerusalem noch nie gesehen hatte) war so präzise, dass sie die unverschämten Menschen verlegen machte.

Der Islam unter
den Fittichen Gabriels

Ebenso wie die Vision Ezechiels das erste Mysterium der Merkawa bei den Juden zeitigte, brachte die Himmelfahrt Mohammeds bei den schiitischen Muslimen die große persische Mi'radsch-Mystik hervor, zu deren bedeutendsten Vertretern der Philosoph Avicenna *(Ibn Sina)* und der Poet Sohravardi gehören:

---

* Nach dem Tod des Propheten wird er der erste Kalif und Nachfolger Mohammeds.

»Wisse«, schreibt Letzterer, »dass Gabriel zwei Flügel hat. Der eine, der rechte, ist reines Licht. Dieser Flügel stellt in seiner Gesamtheit die einzigartige und reine Beziehung des Wesens Gabriels zu Gott dar. Und dann der linke Flügel. Auf diesem ist ein dunkler Abdruck sichtbar, dessen Farbe an den rötlichen Schein des Mondes bei seinem Aufgehen oder an den Rot-Ton von Pfauenfüßen erinnert. Dieser vage Abdruck verkörpert sein Sein-Können, welches auch eine Seite besitzt, die zum Nicht-Sein gewandt ist.«

Sohravardi in: *L'Archange empourpré* (»Le bruissement des ailes de Gabriel«)

Der Engel Gabriel hat also einen Flügel, der dem Sonnenaufgang und dem Licht des Ostens zugewandt ist und einen anderen, der zur Dämmerung und dem Schatten des Westens zeigt. Dabei symbolisiert der Orient die himmlische Sphäre und der Okzident die irdische Welt. Für den mystischen Pilger geht es also darum, »den Flügel des Engels von seinem Purpur zu befreien«, indem er sich nach Osten orientiert – das bedeutet wortwörtlich, indem er sich dorthin wendet, wo die Helligkeit aufsteigt. Dieser spirituelle ferne Orient wird *Na-koja-abad* genannt: das Land des »Nicht-Wo«, da der Pilger es nirgendwo außer in sich selbst finden kann.*

Auf einer sehr viel prosaischeren Ebene könnte diese Mystifikation des Orients auch als Erklärung dafür dienen, dass die Amerikaner bei den iranischen Ayatollahs auf taube Ohren stoßen, wenn sie ihnen von der »westlichen Zivilisation« vorschwärmen: Schon lange vor der Geburt des Kapitalismus stellte der Westen für sie den Inbegriff schlimmster Abscheulichkeiten und allertiefster Verblendung dar … Woher sonst, wenn nicht von diesem Ort, sollte »der große Satan« kommen?

Der Engel Gabriel *(Ğabra'īl)* spielt im gesamten Islam eine überaus wichtige Rolle, außer im Iran und im schiitischen Glauben. Er wird auch »treuer Geist« genannt und ist zugleich der »edle Gesandte, der begabt ist mit Macht bei dem Herrn des Thrones«, welcher den Koran in das Herz Mohammeds trägt, und der himmlische Führer, der den Propheten auf seiner Himmelfahrt zu Gott leitet; er ist der Engel der Erkenntnis und der Offenbarung.

Koran (81, 20–21)

Seine Macht besitzt kosmische Dimensionen, denn Gabriel war es auch, der die Zeit beginnen ließ. In der Überlieferung heißt es, dass

---

* Henri Corbin erklärt dies detailliert und mit allen Feinheiten in *L'Homme et son ange* sowie in *L'Iran et la Philosophie*.

anfangs, als die Sterne geschaffen wurden, der Mond genauso hell leuchtete wie die Sonne, und hätte Gabriel nicht den Mond mit einem Flügelschlag angestrichen, würden wir weder Tag noch Nacht kennen. Die
Überlieferung, auch die weniger mystisch angehauchte, schreibt ihm
sechshundert Flügel zu, die in Gruppen zu jeweils hundert zusammengefasst sind, plus zwei weitere auf der Rückseite, die er nur entfaltet, um
Städte zu zerstören – wobei die Vernichtung von Sodom und Gomorra
die berühmteste seiner derartigen Heldentaten darstellt.

Koran (53, 5) Gabriel ist dem Koran zufolge »der Starke an Kraft«. Das besagt schon
die hebräische Ursprungsbedeutung seines Namens: *Guevoura* bedeutet auf Hebräisch »Kraft« und »Gabriel« demnach »die Kraft Gottes«. In
der Bibel interpretiert er die Träume Daniels, im Talmud, der ihn mit
der Vernichtung Sodoms verbindet, zerstört er zudem den Tempel von
Jerusalem und rettet die drei jungen Männer aus dem Feuerofen Nebu-
kadnezzars. Im Lukas-Evangelium (und auch im Koran) verkündet er
Maria die Geburt Jesu. Gabriel, der große Lieblingsengel des Islam und
der heilige Erzengel der Christen, hat seine Karriere, ebenso wie sein
Kamerad Michael, im Judentum begonnen.

Von einem Monotheismus
zum nächsten

Die dreifache Karriere
der großen Engel

Michael und Gabriel haben nie eine Lehre absolviert, sondern sind
sofort auf höchster Ebene eingestiegen. Die rabbinischen Kommentare
berichten darüber wie folgt: Als Gott am ersten Tag die Himmel geschaffen hatte, indem er das Licht seines Gewandes wie einen Mantel
ausbreitete, und als sich schließlich auch die Erde mit ein wenig Schnee
darauf unter dem Thron der Herrlichkeit befand, gab Er der Welt vier
Seiten: den Osten, aus dem das Licht erstrahlt, den Süden, aus dem
der Tau und der segensreiche Regen kommen, der Westen, aus dem
die Dunkelheit aufsteigt und der Norden, aus dem Schnee, Hagel und
Stürme kommen.

Am zweiten Tag schuf Gott die Engel, und schon da waren Michael und Gabriel die Ersten unter den Musketieren des Himmelskönigs:

»Vier Gruppen von diensthabenden Engeln eskortieren und preisen den Heiligen, Er sei gesegnet. Das erste Heerlager ist das von Michael, der zu seiner Rechten steht, das zweite ist das Gabriels, der sich zu seiner Linken hält, das dritte ist das Lager Uriels, der sich vor ihm befindet, das vierte gehört zu Rafael, der sich hinter ihm aufhält; die Schechina des Heiligen, Er sei gesegnet, befindet sich im Zentrum. Er sitzt auf einem erhabenen, höchsten Thron, der hoch oben in der Luft aufgehängt ist.«

Chapitres de Rabbi Eliézer (chapitres 3 et 4)

Der eine Engel besteht aus Eis, der andere aus Feuer. Sie stehen Seite an Seite, und selbstverständlich nahm man an, zwischen ihnen herrsche Feindschaft. Doch die Rabbiner erwiderten darauf empört, dass sie sich keineswegs gegenseitig beleidigten, und zwar unter Berufung auf den Vers: »Herrschaft und Schrecken sind bei ihm, der Frieden schafft in seinen Höhen.« Man solle also derartigen Tratsch tunlichst nicht verbreiten, denn waren Michael und Gabriel nicht auch beide gemeinsam Trauzeugen bei der Hochzeit von Adam und Eva? Auch 'Umar aus Messina sollte in späteren Zeiten damit fortfahren, dieses alte Gerücht heftig zu dementieren: »Sie sind keine Feinde, aber ihr seid ungläubig wie die Esel!« Dabei stützte sich 'Umar auf den Koran: »Und alles, was Wir dir von den Geschichten der Gesandten erzählen, festigen wollen Wir dein Herz damit, und gekommen ist hierin zu dir die Wahrheit und eine Ermahnung und Warnung für die Gläubigen.«

Ijob (25, 2)

Midrasch *Genesis Rabba* (VIII, 15)

Koran (XI, 120)

Der Erzengel Michael hat allerdings durchaus einen persönlichen Feind. Schon sein Name weist daraufhin, denn bei ihm handelt es sich eigentlich um eine Frage. Michael bedeutet auf Hebräisch: »Wer ist wie Gott?«, und mit dieser Frage steht er voller Entschlossenheit demjenigen gegenüber, der mit überheblichem Stolz darauf antwortet: »Ich!« und sich als seinem Schöpfer ebenbürtig präsentiert: Satan. Sowohl die jüdischen als auch die christlichen Offenbarungen künden von der Gewalt ihres ersten Kampfes, am Tag als Michael damit beauftragt wurde, Adam den anderen Engeln vorzustellen, die sich vor ihm als Geschöpf nach dem Bild Gottes verneigen sollten. Der strahlend schöne Engel[*] weigerte sich jedoch. Michael ging ihm sofort an die Federn und jagte den Aufrührer fort vom himmlischen Hof. Voller Wut versuchte dieser,

---

[*] In den jüdischen Versionen aufgrund dessen Sammael genannt.

sich an Michaels Flügel zu hängen, um ihn in seinem Fall mit sich zu ziehen.

Michael ist der Feind des Anklägers der Menschheit und aufgrund dieser Tatsache der Freund der Menschen sowie ihr Anwalt. Bis zum Ende: Er ist es, der die Seelen der Gerechten dem Gericht Gottes präsentiert und ihre Verteidigung übernimmt.

Exodus (15, 11)

Mit seinem Namen, der eigentlich eine Frage ist und den Mose wiederholt ausruft, ist Michael quasi von Natur aus auch zum Schutze der Kinder Israels bestimmt, den großen Fragestellern vor dem Herrn.

Midraschim *Genesis Rabba* (XLIV, 16); *Targum Genesis* (XXXII); *Deuteronomium Rabba* (XI, 6)

So holte Michael Abraham aus dem Ofen Nimrods heraus, verkündete Sara die Geburt Isaaks, kämpfte gegen Jakob, segnete ihn und gab ihm den Namen Israel, und er unterrichtete Mose im Gesetz. Nachdem das Volk Israel entstanden war, sollte Michael, der »Engelfürst Israels« und »einer der Ersten unter den Engelfürsten« – wie ihn der treue Gabriel in der Offenbarung Daniels nannte – das Haus Israel fortan bei all seinen Kämpfen mit 4 Milliarden 960 Millionen Engeln unterstützen, die unter seinem Befehl eine unsichtbare und unbesiegbare Armee bilden.

Daniel (10, 13 u. 21)

Die Kabbalisten betrachten Gott symbolisch als zehn göttliche Emanationen *(Sefirot),* welche bildlich als Mensch dargestellt werden können. Sie sagen, Michael sei von der Milch der vierten Emanation genährt worden: *Chesed,* was »Liebe« bedeutet, aber im rechten Arm lokalisiert wird. Damit wäre Michael also sozusagen die muskulöse Liebe.

Die Umstände, unter denen der Koran offenbart wurde sowie die immense Popularität Michaels bei den Juden verhinderten wohl, dass er im Islam eine ähnlich brillante Karriere absolvierte wie sein Kollege Gabriel *(Ğabra'īl).* Trotzdem genießt *Mika(i)l* einen bedeutenden Ruf. Ebenso wie Gabriel gehört er zu den vier Erzengeln, die damit beauftragt sind, den Willen Gottes auf Erden auszuführen – und nur Er kennt die Anzahl seiner Flügel … *Mika(i)l* kann sich weder himmlischen noch irdischen Geschöpfen nähern, ohne sie mit seinem Licht zu verzehren, obwohl ihm ursprünglich ein eisiges Wesen zugeschrieben wurde, welches später in Vergessenheit geriet und das auf seine Herrschaft über die Winde, die Stürme und den Regen zurückging.

Die *Legenda Aurea* des Jacobus de Voragine, Bischof von Genua im 13. Jahrhundert

Nichts hinderte Michael jedoch daran, im Christentum Karriere zu machen. Im Gegenteil: »Er war Fürst der Synagoge, doch nun ist er zum Fürsten der Kirche geworden«, heißt es in der *Legenda Aurea.* Das Volk der Christen, das sich als »neues Israel« betrachtete, übernahm natürlich auch dessen Schutzengel mit dem beachtlichen biblischen

Lebenslauf eines himmlischen Kriegers, Menschenfreundes, Seelenrichters und großen Zermalmers des Teufels.

So wurde er also zum heiligen Michael, Erzengel, getauft. Heilig deshalb, weil die christlichen Engel entweder Heilige oder Teufel sind, ohne jedes Mittelmaß, und damit man weiß, auf welcher Seite – und mit welcher Entschlossenheit! – er sich eingereiht hat. Den Titel »Erzengel« trägt er deswegen, weil er Legionen von Engeln befehligt.

Und schon sehr bald sollte er seine Talente unter Beweis stellen.

Der heilige Erzengel Michael

Superheld der Christenheit

Im Frühjahr 452 steht Attila vor den Toren Roms. Natürlich mit seinen Hunnenhorden, wie es sich für ihn gehört. Dem Kaiser und der Armee fällt dazu nur eines ein: Nichts wie weg. Die im Stich gelassenen Römer wenden sich daraufhin an Papst Leo I., der sich entschließt, den Barbaren dazu zu überreden, Rom gegen ein Lösegeld in Ruhe zu lassen. Bei diesem gefährlichen Spiel hatte fünfundvierzig Jahre zuvor Nicasius, der Bischof von Reims, die Märtyrerpalme gewonnen. Doch Leo I. hatte noch einen Trumpf in der Tiara: Bevor er sich auf den Weg machte, weihte er feierlich die Stadt Rom dem heiligen Michael. Und das Wunder geschah: Attila zeigte sich den Argumenten des Papstes zugänglich und zog von Rom ab, mit seinen gesamten Hunnenhorden brav im Gefolge. Sofort erbaute man dem siegreichen Erzengel eine prächtige Kirche, die man am 29. September weihte. Dieser Tag wurde zum Tag des heiligen Michael.

Im Februar 590 wütet die Pest in Rom. Am Ufer des ausgetrockneten Tiber türmen sich die Leichen, die Luft ist von Gestank erfüllt. Gregor der Große, Abt einer dem heiligen Andreas geweihten Kloster-Gemeinde, den die Christen gerne zum Papst wählen möchten, der es aber nicht werden will, lässt nach drei Tagen allgemeinen Fastens das Porträt der Jungfrau Maria, gemalt vom heiligen Lukas, hervorholen. Die Römer ziehen in einer Prozession hinter ihm her. Gregor, der die Prozession anführt, hört plötzlich, wie am anderen Ufer des Flusses unsichtbare Stimmen ein Lied singen, das später als das *Regina Coeli* bekannt wurde: »Königin des Himmels, freue dich, Halleluja!«, und zugleich erblickt er auf dem Palais des Crescentius, dem Mausoleum Kaiser Hadrians, den Erzengel in Kriegermontur, der gerade wieder sein blutiges Schwert zurück in die Scheide steckt. Die Luft wird plötzlich rein: Der heilige Michael hat die Pest besiegt. Gregor beendet die Hymne, die im Himmel angestimmt worden ist, mit einem: »Bete, Gott, für uns!«, bevor er schließlich doch Papst, Heiliger und sogar Kirchenlehrer wurde. Das Mausoleum wird umgetauft in »Schloss heiliger Engel«, und auf seinem Turm stellt man eine Kolossal-Statue des ruhmreichen Michael auf, der einen neuen Festtag hinzugewinnt: den 8. Mai.

Doch wenn es darum geht, dem Teufel eine Tracht Prügel zu verpassen, kommt Michael manchmal auch, ohne dass man ihn ruft. Im 5. Jahrhundert hatte er sich als erstes Heiligtum den Berg Gargan im Königreich Neapel ausgesucht, wo er den schändlichen Götzenkult des Mithra zerschlug. Im Jahr 706 erschien er Aubert, dem Bischof von Avranches im Cotentin. Über dessen Diözese ragte der furchterregende dunkle Wald von Scissy empor, in dem noch alte Sonnengötter verehrt wurden, zum Beispiel Belenos, wohl bekannt aus den Asterix-Heften. Dies bereitete Aubert, für den diese falschen Heidengötzen die reinsten Ausgeburten der Hölle waren, nicht geringe Kopfschmerzen.

Eines Nachts erschien Aubert der heilige Michael: Er verlangte ein Heiligtum auf dem Berg Tombe, der die Region überragt, ein ähnliches, wie er es bereits auf dem Berg Gargan besaß. Am nächsten Morgen sagte sich der Bischof, der mit beiden Beinen fest auf der Erde stand, er müsse wohl geträumt haben und meinte, seine alltäglichen Sorgen hätten sich in seine Träume eingeschlichen. Er zwang sich also dazu, sie zu vergessen. Die Wochen vergingen, doch plötzlich kehrte der verdrängte Traum wieder. Michael war wütend, weil ein Bischof so wenig Eifer zeigte, ihm zu gehorchen, und wieder verlangte er sein Heiligtum. Am nächsten Tag sagte sich Aubert erneut, er habe wohl Halluzinationen gehabt, und zwar diesmal ziemlich zwanghafte, und er untersagte sich, weiterhin daran zu denken. Bei seinem dritten Erscheinen war der heilige Michael außer sich vor Zorn: Er schüttelte Aubert und kündigte ihm an, er werde ihm ein Zeichen geben, weil er so ungläubig sei, wobei er ihm eine Fingerspitze an den Kopf drückte. Aubert, der mit einem Schlag erwachte, hatte das Gefühl, etwas habe seinen Schädel durchbohrt. Doch er konnte nichts erkennen.

Man musste ein paar hundert Jahre warten, bis man den zur Reliquie erhobenen Schädel des inzwischen heilig gesprochenen Aubert untersuchen konnte. Man fand darin das Loch, das der Finger des Engels hinterlassen hatte und das einer Trepanation* ähnelte. Noch zu Beginn des 20. Jahrhunderts fanden die Mediziner keine zufriedenstellende Erklärung für dieses Phänomen. Zweifler sind eingeladen, sich nach Avranches im Département de la Manche zu begeben, wo sie den Schatz der Basilika Saint-Gervais besichtigen können, der den durchlöcherten Schädel enthält. Das Loch ist von einem Goldfaden umrahmt, wodurch ein sehr hübscher Effekt erzielt wird.

Jedenfalls saß die Lektion. Aubert veranlasste die Arbeiten zu einer unterirdischen Basilika am Berg Tombe, vergleichbar mit der auf dem Berg Gargan. Dorthin schickte er zwei Mönche, deren Aufgabe es war, ein Stück Marmor, das Michael mit dem Fuß gestreift hatte (ähnlich wie Gabriel die Hand auf den Felsen von Jerusalem gelegt hatte), sowie einen Fetzen des roten Mantels zu holen, den der Erzengel dort zurückgelassen hatte, um damit den Altar zu schmücken. Die Reise der beiden Mönche vom Cotentin nach Italien und wieder zurück dauerte zwei Jahre. Als sie endlich mit ihren kostbaren Engels-Reliquien zurückkamen, war der Wald von Scissy verschwunden. Stattdessen sahen sie einen Sandstrand, über dem einsam der Berg Tombe emporragte.

Sechs Monate vorher, im März 709, hatte ein Erdbeben, begleitet von einer Flutwelle, die Küste ins Meer gespült. Der heilige Michael, von Aubert um Hilfe angerufen, hatte jedoch den Berg vor der Katastrophe bewahrt, auf den sich Mann und Maus, ja selbst die wilden Tiere, geflüchtet hatten. Der teuflische Götzenkult war zusammen mit dem Wald untergegangen, und Luzifer hatte erneut eine Niederlage erlitten. Der Tombe, gekrönt von der Basilika, wurde zum Mont-Saint-Michel. Und wieder erhielt der Erzengel einen neuen Feiertag: den 16. Oktober, der dem – vorher festgelegten – 17. November zu Ehren des Berges Gargan hinzugefügt wurde. Allein Michael wird an nicht weniger als vier Feiertagen im Jahr verehrt!

Es wäre undankbar, Monseigneur Saint Michel, den Schutzerzengel von Frankreich, an dieser Stelle unerwähnt zu lassen. Schon 710 weiht ihm Pippin II. sein Königreich. Karl Martell ruft ihn 732 bei Poitiers an,

---

* Den Ursprung und alle Details dieser Legende sowie zahlreiche andere findet man in *Enquête sur les anges* von Anne Bernet.

und die Sarazenen werden geschlagen. Um allen die himmlische Verstärkung zu verkünden, die er bei seinen Kriegen gegen die Sachsen erhalten hatte, zögert Karl der Große nicht, die Standarten der Franken in regelrechte Votivbilder zu verwandeln; fortan sollen sie ein Bild des Erzengels mit der gestickten Inschrift tragen: »Michael, der große Fürst, ist mir zu Hilfe gekommen«.[*] Dank Michaels Intervention errang im Jahr 1214 auch Philipp August, der in der Kapelle Saint-Michel im königlichen Palast von Paris getauft worden war, den berühmten Sieg von Bouvines. Aber rief man ihn nicht auch zwei Jahrhunderte später verzweifelt an, als die Blüte der französischen Ritterschaft, stecken geblieben im Morast, von den Pfeilen der englischen Bogenschützen dahingerafft wurde? Macht nichts: Dafür konnte während des gesamten Hundertjährigen Krieges – der eigentlich 116 Jahre[**] dauerte – der belagerte Mont-Saint-Michel nicht eingenommen werden. Und raten Sie mal, wer im Sommer 1425, während Frankreich besetzt war, der kleinen Jeanne de Domrémy Stimmen ins Ohr flüsterte? Sie verriet es bei ihrem Prozess:

»Es war der heilige Michael, den ich vor meinen Augen sah. Er war nicht allein, sondern von Engeln des Himmels begleitet. (…) Ich habe sie mit meinen Augen gesehen, wie ich Euch alle sehe. Als sie mich verließen, weinte ich, denn ich wünschte, sie hätten mich mit sich fortgenommen.‹

›Wie sah der heilige Michael aus?‹

›Ich darf es Euch nicht sagen.‹

›Was hat Euch der heilige Michael das erste Mal gesagt?‹

›Ihr werdet heute keine Antwort bekommen. Die Stimmen haben mir geraten, mutig zu reden. Meinem König habe ich einmal alles eröffnet, weil es ihn anging. Aber ich habe keine Erlaubnis, Euch zu enthüllen, was der heilige Michael gesagt hat. […]‹«

Bei anderer Gelegenheit sagt sie ihren Richtern die Zukunft voraus, die sie nicht mehr erleben wird:

»Noch ehe sieben Jahre um sind, werden die Engländer mehr verlieren als vor Orléans, sie werden ganz Frankreich verlieren (…) Und das durch einen großen Sieg, den Gott den Franzosen senden wird.‹«

Quelle: *Jeanne d'Arc: Dokumente ihrer Verurteilung und Rechtfertigung, 1431–1456.*

Quelle: Régine Pernoud; Marie-Véronique Clin, *Johanna von Orléans: Der Mensch und die Legende.*

---

[*]   *Ecce Michael, Princeps magnus, venit in adjutorium mihi.*

[**] Mindestens 138, wenn man bedenkt, dass er erst mit dem Vertrag von Picquigny (1475) beendet wurde.

Und so geschah es! Gerechterweise muss man noch anmerken, dass zwar Michael Jeanne in die Schlacht schickte, aber Gabriel sie im Gefängnis besuchte, am 3. Mai 1431, dem Tag, an dem sie, wie sie sagte, »Trost vom heiligen Gabriel« erhielt. Übrigens waren auch auf der Standarte der Johanna von Orléans die beiden Erzengel abgebildet …

Konsequenterweise stellt auch Ludwig XI. den ersten von ihm gegründeten Ritterorden unter das Banner des heiligen Michael, »dem ersten Ritter, der für die Sache Gottes siegreich gegen den alten Feind der Menschheit kämpfte und ihn zum Himmel hinauswarf, und der stets seinen Ort und seine Hauskapelle, den Mont-Saint-Michel, erfolgreich geschützt, bewahrt und verteidigt hat, ohne je von den Feinden unseres Königreichs in den Bann geschlagen worden oder ihnen in die Hände gefallen zu sein«, wie Marc Décenneux berichtet. Die sechsunddreißig Ritter des heiligen Michael, auserwählt unter den tapfersten ganz Europas, durften nie ihre Goldkette ablegen, die aus sechs muschelförmigen Gliedern und einer Medaille mit seinem Bildnis bestand.

Noch heute dient Michael in der französischen Armee, und zwar als Schutzpatron der Fallschirmspringer. Die Idee kam während des Zweiten Weltkrieges in den militärischen Trainingslagern der Franzosen in England auf: Wer wäre besser als Michael dazu geeignet gewesen, diese neuartigen fliegenden Soldaten zu beschützen? Das Lied der SS, in dem der Teufel angerufen wurde, erwiderten die damaligen Legionäre der Zweiten Republik mit einem Gesang über dessen Sieger: »Wir haben nicht nur unsere Waffen, sondern auch der heilige Michael marschiert mit uns!«

Gabriel hingegen tut als Schutzpatron der Fernmelder beim französischen Militär Dienst. Seit 1951 macht er außerdem auf globaler Ebene diskret an der Spitze des Post- und Telekommunikationswesens Karriere, in Erinnerung an die Botschaft, die er damals Maria überbrachte. Durch die aktuelle Entwicklung der Medien erweitert sich sein Aufgabengebiet erheblich: Heutzutage muss er auch im Netz surfen. Auf einer etwas bescheideneren Stufe haben ihm die französischen Christen ihren ökumenischen Minitel-Anschluss gewidmet, die 3615 Gabriel.

Der Engel und der Einsiedler

Jüdisch, christlich oder muslimisch?

Die Engel, von Natur aus Reisende, fliegen also ohne Scheu von einer monotheistischen Religion zur anderen.

Sie hinterließen hübsche Geschichten, die sich im Laufe der Zeit immer ähnlicher wurden, so dass die Gelehrten die größte Mühe haben, ihren Ursprung herauszufinden.* »Der Engel und der Einsiedler« ist zweifellos die am weitesten verbreitete; sie findet sich in unterschiedlichen Fassungen im babylonischen Talmud, in den Heiligenviten, im Koran, im *Sefer hamaassijot (Buch der Geschichten)* des Rabbiners Nissim ben Jakob ibn Schahin, genannt Gaon, in einem *Leben des Merlin* und sogar in *Zadig* von Voltaire wieder, unmittelbar inspiriert vom Engländer Parnell.

Beginnen wir mit dem christlichen Bericht aus dem 7. Jahrhundert. Ein Eremit in der ägyptischen Wüste verlangte ohne Unterlass, Gott solle ihm Seine Ratschlüsse kenntlich machen. Eines Tages wird sein Wunsch erhört: Ein Engel erscheint ihm in Gestalt eines Greises und befiehlt ihm, ihm zu folgen. Und so machen sie sich auf den Weg. Zuerst werden sie von einem braven Mann aufgenommen, der ihnen alles gibt, was er nur kann. Zum Dank stiehlt ihm der Engel eine Schüssel. Daraufhin schickt ihnen der Mann seinen Sohn hinterher, um die Schüssel zurückzuholen, doch der Engel stürzt ihn ohne zu zögern in einen Abgrund. Sie setzen ihren Weg fort und kommen zu einem Geistlichen, der sie nicht zu sich hereinlässt, ihnen aber schließlich einen Platz in seinem Stall zuweist, jedoch ohne ihnen zu essen oder zu trinken zu geben. Trotzdem schenkt der Engel am nächsten Morgen dem Geistlichen die Schüssel.

Der Eremit ist entrüstet: Sind das wirklich die Urteile Gottes? Daraufhin enthüllt ihm der Engel den Sinn seines skandalösen Verhaltens: Die Schüssel stamme bereits aus einem Raub, und es gehöre sich nicht, dass ein tugendhafter Mann ein Objekt zweifelhafter Herkunft verberge – dafür sei das, was schlecht war, zu dem schlechten Geistlichen gelangt, um seinen Untergang herbeizuführen. Und was den Sohn betrifft, so

---

* Wir beziehen uns hier auf die Studie der »Legende vom Engel und dem Eremiten« von Israel Levi, in *Revue des études juives*, 1884, vol. 8.

hätte er, wenn der Engel ihn nicht in den Abgrund gestoßen hätte, noch am selben Abend seinen Vater, den guten Mann, getötet. Dieser gute Mann, der hier auf Erden geprüft wird, könne auf diese Weise nach seinem Tod das ewige Leben ungetrübt genießen, während der Böse, der auf der Erde belohnt wird, danach nichts mehr fordern könne und direkt in die Hölle käme.

Die schreiende Ungerechtigkeit dieser Welt sei nichts als Schein; in Wirklichkeit handele es sich um die Gerechtigkeit der anderen Welt, in der Gott wahrhaft Seine Urteile fälle.

In der zeitgenössischen muslimischen Version ersetzt Mose den Eremiten und ein heiliger Mann den Engel. Mose trifft einen weisen, heiligen Mann und fragt ihn, ob er ihm folgen solle, um von ihm zu lernen. »Wenn du mir denn folgen willst, so frage mich nach nichts, bis ich es dir ansagen werde«, antwortet ihm der weise Unbekannte. So machen sie sich also gemeinsam auf den Weg, bis sie auf ein Schiff steigen. Als sie angekommen sind, macht der Weise ein Loch in die Bordwand. Darauf sagt Mose: »Hast du ein Loch hinein gemacht, damit du seine Mannschaft ertränkst? Ein sonderbares Ding hast du getan.« Der Unbekannte erinnert Mose daran, dass er versprochen habe zu schweigen. Sie setzen ihre Reise fort und treffen einen jungen Mann. Der Unbekannte tötet ihn.

»Erschlugst du eine schuldlose Seele, frei von Mord?«, ruft Mose aus. »Wahrlich, du hast ein verwerflich Ding getan!«

Wieder erinnert der Unbekannte Mose an sein Versprechen, und dieser entschuldigt sich erneut. Sie gehen zusammen weiter, bis sie zu einer Stadt kommen, wo sie um Gastfreundschaft bitten, die ihnen die Bewohner jedoch verweigern. Eine Mauer der Stadt droht einzustürzen, doch der Unbekannte richtet sie auf.

»Wenn du es gewollt, hättest du dafür Lohn empfangen«, sagt Mose. Damit hatte er zu viel gesagt.

»Hier scheide ich mich von dir«, erwidert ihm der Unbekannte. »Ich will dir jedoch die Deutung von dem geben, was du nicht ertragen konntest.

Was das Schiff anlangt, so gehörte es armen Leuten, die auf dem Meere arbeiten, und ich wollte es beschädigen, da hinter ihnen ein König war, der jedes Schiff mit Gewalt nahm.

Und was den Jüngling anlangt, so waren seine Eltern gläubig, und wir besorgten, er könnte ihnen Gottlosigkeit und Unglauben aufbürden.

Koran (18, 65–81)

Und so wünschten wir, dass ihr Herr ihnen zum Tausch einen reineren gäbe und einen liebevolleren.

Was dann die Mauer anlangt, so gehörte sie zwei verwaisten Jünglingen in der Stadt. Unter ihr liegt ein Schatz für sie, und da ihr Vater rechtschaffen ist, wollte dein Herr, dass sie ihre Vollkraft erreichen und ihren Schatz höben, als Barmherzigkeit. Und nicht nach eignem Ermessen tat ich dies. Dies ist die Deutung dessen, was du nicht zu ertragen vermochtest.«

Mit dieser Geschichte will der Koran sagen, dass die Menschen, kurzsichtig und rasch mit einem Urteil bei der Hand, die Harmonie der Pläne Gottes nicht erfassen können. Nur Gott ist weise, weise und gerecht. Die Muslime erkennen in dem Unbekannten den Propheten *Al-Khadir*, der außerhalb der Zeit und des Raums in der Ewigkeit lebt und manchmal den wenigen Auserwählten erscheint. Diese Form engelhafter Existenz zeigt Ähnlichkeit mit der Rolle, die der Prophet Elia im Judentum spielt. Im Übrigen sehen die Muslime den Ursprung dieser Koran-Erzählung in der jüdischen Geschichte von Elia und dem Rabbi Josua ben Levi, der im 3. Jahrhundert lebte.

Diese Geschichte erzählt der Rabbiner Nissim ben Jakob ibn Schahin mit dem Ehrentitel »Gaon« in einer Sammlung, die er im 10. Jahrhundert in Kairuan zusammenstellte, um seinen Schwiegervater Dunash nach dem Tod seines Sohnes zu trösten. Rabbi Josua, so schreibt er, hatte lange gefastet und gebetet, damit Gott ihm Elia schicken möge. Als Elia erscheint, sagt ihm Rabbi Josua, dass er ihn gerne begleiten würde, um von ihm zu lernen. Elia erwidert ihm, er würde eine solche Reise nicht ertragen können. Doch Rabbi Josua protestiert, und so willigt Elia schließlich ein. Aber er warnt ihn, dass er ihn bei der ersten Frage verlassen werde.

Sie machen sich auf den Weg. Am Abend kommen sie zu einem Ehepaar, dessen einziger Besitz eine Kuh ist. Der Ehemann und seine Frau bringen die Gäste in ihrem schönsten Raum unter. Am nächsten Morgen betet Elia, und die Kuh stirbt.

»Warum hast du die Kuh dieser Unglücklichen sterben lassen, die uns so warm empfangen haben?«, fragt Rabbi Josua.

»Wenn du mich verlassen möchtest, sage ich es dir«, antwortet Elia.

Und so schweigt der Rabbi. Der nächste Tag bringt sie zu einem Reichen, der sich weigert, sie zu empfangen. Da stürzt eine der Mauern seines Hauses ein. Elia spricht ein Gebet und richtet die Mauer wieder auf. Rabbi Josua ist verblüfft, doch trotzdem gelingt es ihm zu schweigen. Er leidet und marschiert weiter.

Am Abend betreten sie eine große Synagoge, in der jeder einen Stuhl aus Gold und Silber besitzt. Die Leute dort behandeln die Reisenden mit Verachtung und geben ihnen nichts als Wasser, Brot und Salz. Sie müssen auf dem Boden schlafen.

Als sie am Morgen aufbrechen, sagt Elia zu ihnen: »Gott möge euch alle zu Oberhäuptern machen!« Rabbi Josua kann seinen Schmerz nur mit großer Mühe unterdrücken.

Am Abend erreichen sie wieder eine andere Stadt, in der man ein Fest für sie ausrichtet und ihnen höchste Ehren erweist. Am nächsten Morgen spricht Elia ein Gebet und sagt:

»Gott möge euch nur ein einziges Oberhaupt geben!«

An diesem Punkt explodiert der Rabbiner und bittet Elia, ihm alles zu erklären.

»Der Mann«, so erzählt ihm Elia, »dessen Kuh ich getötet habe, sollte an diesem Tag seine Frau verlieren. Ich habe Gott gebeten, dass die Kuh als Ersatz für die Frau dienen möge, da eine Frau ein sehr hohes Gut ist und sehr nützlich im Haushalt. Der reiche Mann, dessen Mauer ich aufgerichtet habe, hätte beim Graben in den Fundamenten einen großen Schatz gefunden. Und wenn ich darum gebetet habe, dass all diese Männer Oberhäupter werden mögen, dann wird dies für sie ein Unglück sein, gemäß dem Sprichwort: Viele Steuermänner werden das Schiff zum Kentern bringen. Und wenn ich Gott darum gebeten habe, dass die anderen nur ein Oberhaupt haben mögen, ist dies zu ihrem Guten, denn mit einem Beschützer hält sich eine Stadt, wie Ben Sira sagt.«

Neben der weisen Erkenntnis, dass Frauen nützlicher sind als Kühe, eine Tatsache, die die intellektuellen Stadtbewohner oft genug zu ignorieren geneigt waren, kamen die Spezialisten zu dem Schluss, dass Rabbi Nissim sich beim Verfassen dieser Erzählung mehr vom Koran als vom Talmud inspirieren ließ: Lebte er nicht in einem muslimischen Land, und zwar einige Zeit nach Mohammed? Den Mord an dem jungen Mann hatte er wahrscheinlich weggelassen, um seinen Schwiegervater, der um seinen Sohn trauerte, nicht noch mehr zu grämen. Im Übrigen scheint der talmudische Bericht* selbst die verkümmerte Version einer

---

* In dem Benaja, Vorsitzender des Synhedrion, und Aschmodai, König der Dämonen, auftauchen.

jüdischen Legende zu sein, die in ihrer vollständigen Fassung verloren ging und die wohl die wahre Quelle für alle diese Geschichten war.

Wer hat ursprünglich damit angefangen? Man weiß es nicht, und es ist auch egal. Was zählt, ist, dass Juden, Christen und Muslime diese wenigen Noten, die der Wind in der Nacht der Zeiten murmelte, orchestrierten und daraus die ewige Geschichte eines Engels schufen, der die Ehre Gottes angesichts der Probleme der Menschen verteidigt.

Als Voltaire den Faden wieder aufnahm und seinen Zadig mit einem Engel in Gestalt eines Einsiedlers konfrontierte, war eine lange Zeit vergangen. Zwar erzählt auch Voltaire elf Jahrhunderte später wieder exakt dieselbe Geschichte, doch unterscheiden sich seine Schlussfolgerungen erheblich von denen in der alten christlichen Version. Voltaire ist weder Christ noch Atheist, sondern Philosoph und Deist. Der Gott, an den er glaubt, ist nicht Der, von dem die heiligen Schriften berichten, sondern die Frucht seiner Überlegungen. Also ist auch nicht mehr die Rede vom ewigen Leben, um die Haltung des Engels zu rechtfertigen, sondern schlicht von Moral. Etwa im Fall der Schüssel: Der Engel hat sie gestohlen, weil der Mann, der sie so freundlich empfangen hat, dies nur aus reiner Eitelkeit tat; durch den Diebstahl seiner Schüssel wird er weiser werden. Beim Nutznießer der kleinen Dieberei hingegen handelt es sich um einen Geizhals, der dank des Geschenks die positiven Seiten der Gastfreundschaft kennen lernt. Das Universum ist rational und die Gerechtigkeit immanent. Der Engel erklärt:

»›Es gibt kein Übel, aus dem nicht etwas Gutes erwachsen könne. […] Es gibt keinen Zufall. Alles ist Prüfung, Strafe, Belohnung, Voraussicht. […] Gedenke, dass du sterblich bist und dass du nicht mit Dem rechten sollst, den anzubeten deine Pflicht ist.‹

›Aber‹, sagte Zadig …

Voltaire, *Zadig*   Da nahm der Engel schon seinen Flug in die höchsten Sphären.«

Dieser Engel, ein Schüler Leibniz', kennt weder Sympathie noch Mitgefühl dem »Sterblichen« gegenüber, und wenn dieser Einwände hat, hört er sie sich nicht einmal an: Der Gott der Philosophen, genannt »Uhrmacher«, »der ewige Geometer« oder auch »Architekt dieser Welt« hat die sanfte Barmherzigkeit des Gottvaters verloren. Im Gegensatz zum Gott Abrahams, der letzlich immer auf die Gebete, das Geschrei oder sogar die Tauschhändel der Menschen einging, stellt dieses höchste Wesen eine Art Generalverwalter dar, der den Beschwerden der Verwalteten gegenüber gleichgültig reagiert.

Bei der Visage, die sie Ihm verpassten, nimmt es nicht Wunder, dass die Philosophen bei der nächstbesten Jahrhundertwende diesen abscheulichen Gott über Bord warfen. Ein Gott, von dem man sich fragte, ob Er auch nur einen einzigen Großbuchstaben verdient habe; er sah doch wirklich zu scheußlich aus.

Uns aber sei es erlaubt, Gott in seiner Originalversion zu bevorzugen sowie uns auf die beruhigende Schlussfolgerung Rabbi Nissims zu stützen:

»Bevor er aufbrach, fügte Elia hinzu:

›Wenn du einen schlechten Menschen glücklich siehst, wundere dich nicht darüber und fühle dich auch nicht dadurch gekränkt, denn es ist zu seinem Nachteil. Wenn du einen Gerechten im Unglück erblickst, bekümmert, Hunger, Durst und Armut leidend, rege dich nicht darüber auf und mache nicht den Fehler, deswegen an deinem Schöpfer zu zweifeln. Glaube vielmehr, dass Gott gerecht ist, dass sein Urteil gerecht ist und dass Seine Augen über die Wege des Menschen wachen. Und wer wird es wagen, Ihn zu fragen: ›Was tust du?‹

Nach diesen Worten nahmen sie Abschied voneinander und gingen ihrer Wege.«

Ist dies nicht ein Beispiel für wahrhaft engelsgleiche Sanftmut?

Schlusswort

In dem die Autorin Wünsche äußert, von denen
sie hofft, dass es keine frommen sind.

Es gäbe noch so viele andere Geschichten zu erzählen ...

Beim Thema »Gänsehaut« zum Beispiel kommt man einfach nicht umhin, Munkar und Nakir zu erwähnen. Es wäre einfach ungerecht, Burschen wie sie links liegen zu lassen! Diese beiden schrecklichen muslimischen Engel haben den Auftrag, die Toten auf dem Friedhof zu besuchen und sie nach ihrem Glauben an den Propheten und seine Religion zu befragen. Kaum ist der Mensch unter der Erde, seine Begleiter verlassen ihn und er hört das Geräusch ihrer sich entfernenden Schritte, schon sind die beiden zur Stelle. Sie fordern den Verstorbenen auf, sich hinzusetzen und befragen ihn: »›Wer ist dein Herr?‹ – Er antwortet: ›Mein Herr ist Gott.‹ – Dann fragen sie: ›Was ist deine Religion?‹ – Er sagt: ›Der Islam.‹ – Sie fragen: ›Wer ist der, der dir gesandt ist?‹ – Er sagt: ›Er ist der Prophet Gottes.‹ – Sie fragen: ›Was ist dein Beweis für seine Sendung?‹ – Er antwortet: ›Ich habe das Buch Gottes gelesen, und ich habe daran geglaubt, und ich bezeuge, dass es wahr ist.‹ [...] Dann kommen Frieden und Wohlgerüche des Paradieses auf ihn herab, und sein Grab vergrößert sich, so weit das Auge reicht. [...] Aber, wenn ein Ungläubiger stirbt und seine Seele der Ewigkeit anvertraut, dann kommen die Engel mit den schwarzen Gesichtern (Munkar und Nakir) zu ihm. [...] Dann kommen die Glut und die heißen Stürme der Hölle auf ihn herab, und sein Grab verkleinert sich so, dass ihm die Rippen gequetscht werden.«

Quelle:
Thomas, P. Hughes,
Lexikon des Islam

In manchen Gegenden Anatoliens baute man hohe Gräber, in denen der Verstorbene sich aufsetzen und Munkar und Nakir würdig empfangen konnte. Gott sei Dank heißt es im Volksglauben, dass ein Gläubiger, der keine Fehler begangen habe, von Mubashshar und Bachir befragt wird, zwei, so scheint es, durch und durch reizenden Engeln.

Und wie steht es mit dem Fall Grigio? Er fällt unter das Kapitel »Tiere«. Nach einem muslimischen Sprichwort betreten Engel keine Häuser, in denen Hunde leben. Grigio jedoch, ein riesiger, furchteinflößender grauer Fleischerhund, bereitet den Biografen des heiligen Giovanni Bosco einiges Kopfzerbrechen. Eines Abends im November 1854 sprang dieser Hund plötzlich an die Seite des Priesters, als dieser sich in den üblen Vorstädten von Turin verlaufen hatte und geleitete ihn bis nach Hause. Niemand konnte je sagen, wo er herkam oder wem er gehörte – aber nur deshalb, weil sie nicht an der richtigen Stelle suchten! Der Hund tauchte aus dem Nichts auf, wenn Gefahr drohte, immer dann, wenn Don Bosco angegriffen wurde, begleitete ihn zurück nach Hause und blieb manchmal jahrelang verschwunden. Für Banditen war er ein schrecklicher Gegner, Kindern gegenüber jedoch lammfromm; man sah ihn nie fressen, und er wollte nicht die kleinste Leckerei aus der Waisenhausküche annehmen, was ja nicht gerade ein typisches Verhalten für einen Hund darstellt. Außerdem war er sehr langlebig: 1883 wirkte er noch genauso frisch und robust wie bei seinem ersten Erscheinen neunundzwanzig Jahre zuvor ... Darauf angesprochen, erwiderte Don Bosco lediglich, er sei eben kein gewöhnlicher Hund.

Der Heilige wollte wohl nicht sagen, dass sein Grigio ein Engel war, um sich nicht der Lächerlichkeit preiszugeben, obwohl man andererseits seit dem Propheten Sacharja (Zacharias) weiß, dass es im Himmel »rotbraune, blutrote und weiße Pferde« gibt, die »der Herr [gesandt hat], damit sie die Erde durchziehen«, um Ihm über ihren Zustand Bericht zu erstatten. Bei diesen sprechenden Pferden, die die Erde inspizieren, handelt es sich um Engel: Alle Kommentare weisen darauf hin. Und das ist der Beweis, dass Engel tatsächlich die Gestalt von Tieren annehmen können.

Doch man kann Engel leider trotzdem nicht einfach mit einem Schmetterlingsnetz einfangen. Myriaden von ihnen sind schon durch unsere für sie ungeeigneten Maschen geschlüpft. Wie sollte es auch anders sein? Die Zahl der Überlieferungen ist unübersehbar, die der Engel

Sacharja (Zacharias) (1, 8–11)

unzählig; und zudem hat ihre Geschichte schon lange vor den Menschen begonnen – niemand, außer vielleicht einem Dichter, dürfte ernsthaft von sich behaupten, alle Bücher über sie gelesen zu haben. Das Archiv der Engel scheint von Natur aus dazu bestimmt zu sein, überflogen zu werden.

Zudem sollte man weise genug sein, um auf der Schwelle des Mysteriums Halt zu machen. Denn weit entfernt von allem esoterischen Abrakadabra existieren auch wirkliche Geheimnisse: die, die ein Wesen berührt, wenn es die Unsichtbaren schaut. Sie können und wollen nicht sprechen, es sei denn, sie überbringen eine – im Allgemeinen recht knappe – Botschaft. Die heilige Teresa von Avila, um eine der Berühmtesten zu nennen, hätte nie eine Zeile geschrieben, wenn sie nicht von ihren Oberhäuptern dazu gedrängt und gezwungen worden wäre. Wenn Gott Seine Vertrauten auswählt, sucht Er sich keine Schwätzer. Die Freunde Seines Wortes sind sehr verschwiegene Leute.

Außerdem haben wahre Mystiker Schwierigkeiten mit Worten, weil sie einfach zu farblos sind, um zu beschreiben, was sie gesehen haben. Sie betonen ständig die Armut ihrer Ausdrucksweise und ihre Unwissenheit angesichts dessen, was sie erzählen müssten. Ihnen zu folgen und zu versuchen, sie zu verstehen, erfordert ein lebenslanges spirituelles Engagement.

Um die Debatte über Engel in den drei monotheistischen Religionen fortzusetzen, bedürfte es des Dialogs dreier Personen, einer aus jeder der drei Religionen, die besondere Beziehungen zu Engeln und persönliche Erfahrungen mit ihnen besitzen.

Doch würden sie sich darauf einlassen? Wahrscheinlich nicht. Auf dieser Stufe des Bewusstseins ist kein Disput mehr denkbar. Nur die Ungläubigen versuchen, sich zu überwinden oder sich zu überzeugen, und handeln damit immer unter einem gewissen Zwang; den wahren Gläubigen hingegen gelingt eine Annäherung dank der besonderen Beziehung, die sie zu ihrem Schöpfer unterhalten. Wie die Engel werden sie durch den Höchsten vereint, und zwar nicht, indem sie ihre Identität verleugnen, sondern eher, indem sie sie konsequent bis zum Ende verfolgen. Wie Léon Askenazi es auf einem Kolloquium scherzhaft ausdrückte: »Man berichtet mir von einer Wunderheilung in Lourdes inklusive Erscheinung. Ich glaube daran. Das heißt nicht, dass das Christentum die wahre Religion wäre, sondern es bedeutet, dass Gott sich sogar um die Christen kümmert.«

Actes du colloque Anges, démons et êtres intermédiaires

Es geht nicht mehr darum, sich um Gott zu streiten, sondern Ihn zu teilen.

»Ich denke«, sagte Pater Christian de Chergé einmal, »an den Scheich Ishaq, der vor dem Grab eines Muslims in tiefer Andacht verharrte, während er das Grab eines Juden auf der anderen Seite der Mauer gar nicht beachtete. In der Nacht hatte er einen Traum: Eine Stimme sagte zu ihm, er solle auch für den Juden beten. Wie war das möglich? Er fragte seinen Vater, der ihm mit einem Vers aus dem Koran antwortete: ›Die Gläubigen sind Brüder; so stiftet Frieden unter euern Brüdern und fürchtet Allah; vielleicht findet ihr Barmherzigkeit.‹ Daraufhin ging er zurück und betete auch am Grab des anderen.«

Koran (49, 10)

Der Mann, der diese Anekdote erzählte, war Prior des Klosters von Thibirine in Algerien; er wurde später zusammen mit sechs seiner Mitbrüder von Fanatikern enthauptet. Zu ihrem Gedenken kamen Scharen von Juden, Christen, Muslimen und Menschen guten Willens zum Vorplatz des Trocadéro und legten dort einen Berg weißer Blumen nieder.

Zehn Jahre zuvor hatte Pater Christian als Motto einer Meditation folgende Frage von Julien Green gewählt: »Wann werden die Religionen endlich Bindestriche zwischen den Menschen sein und nicht mehr länger nur ein weiterer Grund, einander zu vernichten?«

Mögen die Engel, diese unsichtbaren, unermüdlichen Weber von Banden zwischen den Menschen, diese liebevollen Satzzeichen auch an anderer Stelle eingravieren als nur auf dem Marmor von Grabsteinen! Schließlich ist das ihre Aufgabe.

Unsere hingegen besteht darin, hinter ihnen die Leiter hinaufzuklettern, die sie eines Nachts vor den Augenlidern des eingeschlafenen Jakob aufrichteten.

Ganz oben gelangt man zu Gott.

Anhang

Literaturverzeichnis

Actes du colloque Anges, démons et êtres intermédiaires, Alliance mondiale des religions, Labergerie, 1968

Arduini, Maria L.: *Neue Studien über Rupert von Deutz*. Siegburg: Respublica-Verlag, 1985 (Siegburger Studien XVII)

Auclair, Marcelle: *Das Leben der heiligen Teresa von Avila*. Zürich: Die Arche, 1953

Aurelius Augustinus: *Bekenntnisse* (lat. u. deutsch). Eingel., übers. u. erl. von Joseph Bernhart. Frankfurt am Main: Insel, 1987

Aurelius Augustinus: *Vom Gottesstaat (De civitate dei)*. Aus d. Lateinischen von Wilhelm Thimme. München: DTV, 1997

Bernet, Anne: *Enquête sur les anges*, Perrin

Chapitres de Rabbi Eliézer (Pirqé de Rabbi Eliézer), éditions Verdier, Lagrasse, 1983. Nouvelle édition, 1992

Corbin, Henri: *L'Homme et son ange*, Fayard

Corbin, Henri: *L'Iran et la Philosophie*, Fayard

Dante Alighieri: *Die göttliche Komödie*. Aus d. Italienischen von Christa R. Köhler. Berlin: Akademie-Verlag, 1966

Das Buch der Jubiläen, in: *Die Apokryphen und Pseudoepigraphen des Alten Testaments*, überarb. u. hg. von E. Kautzsch. Tübingen: Mohr, 1921

Das Buch Henoch, in: *Die Apokryphen und Pseudoepigraphen des Alten Testaments*, überarb. u. hg. von E. Kautzsch. Tübingen: Mohr, 1921

Das Buch Henoch. Hg. von Joh. Fleming u. L. Radermacher. Leipzig: Hinrich, 1901. (Die griechischen christlichen Schriftsteller der ersten drei Jahrhunderte, Bd. 1, hg. von der Kirchenväter-Kommission der Königl. Preussischen Akademie der Wissenschaften)

Der Babylonische Talmud. 11 Bände. Nach der 1. zensurfreien Ausg. übertragen. Übers. von Lazarus Goldschmidt. Berlin: Jüdischer Verlag.

Der Koran. Aus d. Arabischen von Max Henning. Stuttgart: Reclam, 1991

Der Sohar. Hg. von Ernst Müller. München: Diederichs, 1991

Die Bibel (Einheitsübersetzung). Freiburg [u.a.]: Herder, 1980

Die Elemente der Kabbala, Bd. 1. Berlin: Barsdorf, 1920.
(Geheime Wissenschaften, Bd. 2)

Dionysios Areopagita: *Die Hierarchien der Engel und der Kirche.*
München-Planegg: Barth, 1955

Ecclesia Catholica: Katechismus der katholischen Kirche. München [u.a.]:
Paulusverlag, Linz:Veritas, 1993

Encyclopaedica Judaica, Jerusalem: Encyclopaedica Judaica Verlag, 1972

Fahd, Toufic: *Histoire des religions*, Encyclopédie de La Pléiade, tome 3,
1976, Gallimard.

*Franziskus, Engel des sechsten Siegels: Sein Leben nach den Schriften
des Heiligen Bonaventura*, Werl: Dietrich-Coelde-Verlag, 1962

Eysell, Georg F.: *Johanna d'Arc, genannt die Jungfrau von Orléans.
Ihre Jugend, ihre Thaten und ihr Leiden.* Regensburg: Manz, 1864

Hamidullah, Muhammad: *Les Notions islamiques sur l'ange, Actes du colloque Anges,
démons et êtres intermédiaires.* Alliance mondiale des religions. Labergerie 1968

Heiser, Lothar: *Die Engel im Glauben der Orthodoxie.* Trier: Paulinus-Verl., 1976.
(Sophia: Quellen östlicher Theologie, Bd. 15)

Hughes, Thomas P.: *Lexikon des Islam.* Wiesbaden: Fourier, 1995

Ihya''ulum ad-din: Al Gazzalis Buch vom Gottvertrauen.
Übers. u. mit Einl. vers. von Hans Wehr. Halle/Saale: Niemeyer, 1940

Jacobus de Voragine: *Die elsässische Legenda aurea.* Tübingen: Niemeyer, o. J.

Kaplan, Aryeh: *La Méditation et La Bible*, Albin Michel, 1993

Khoury, Adel T. [u.a.]: *Islam-Lexikon: Geschichte, Ideen, Gestalten.*
Freiburg i. Breisgau: Herder, 1999

Klabund: *Heiligenlegenden.* Leipzig: Dürr & Weber, 1921

Lexikon für Theologie und Kirche. Freiburg [u.a.]: Herder, (ab 1996)

Jeanne d'Arc: Dokumente ihrer Verurteilung und Rechtfertigung, 1431–1456,
Köln: Bachem, 1956

Mahabharata: Indiens großes Epos. Übers. u. gekürzt von Biren Roy.
München: Diederichs, 1990

Mâle, Emile: *Die kirchliche Kunst des XIII. Jahrhunderts in Frankreich:*
Studie über die Ikonographie des Mittelalters und ihre Quellen.
Aus d. Französischen von L. Zuckermandel. Straßburg: Heitz, 1907

Mâle, Emile: *L'art religieux au XVIIè Siècle*, Armand Colin éditeur, 1984

Malraux, André: *Antimemoiren*, Frankfurt am Main: S. Fischer-Verlag, 1967

Messadié, Gerald: *Teufel, Satan, Luzifer: Universalgeschichte des Bösen.*
Aus d. Franz. von Michaela Meßner. Frankfurt am Main: Eichborn, 1995

Nahmanide: *La Dispute de Barcelone*, Verdier, 1984

Ouaknin, Marc Alain: *Le réveil des anges*, éditions Autrement,
collection Mutations, N° 162, 1993

Panati, Charles: *Populäres Lexikon der religiösen Gegenstände und Gebräuche.*
Aus d. Engl. von Reinhard Kaiser. Frankfurt am Main: Eichborn, 1998

Pernoud, Régine; Clin, Marie-Véronique: *Johanna von Orléans:*
der Mensch und die Legende. Bergisch Gladbach: Bastei Lübbe, 1984

Pfabigan, Alfred (Hg.): *Gottes verbotene Worte: Was die Bibel verschweigt.*
Frankfurt am Main: Eichborn, 2000

Saint-Pierre, Michel de: *Der Pfarrer von Ars: Das Leben des Johannes Maria Vianney.*
Freiburg [u.a.]: Herder, 1975

Schoeps, Julius H. (Hg.): *Neues Lexikon des Judentums.* Gütersloh:
Gütersloher Verlagshaus, 2000

Scholem, Gerhard (Hg.): *Das Buch Bahir: Ein Schriftdenkmal aus der Frühzeit*
der Kabbala. Berlin: Schocken, 1933

Stemberger, Günter: *Der Talmud: Einf. – Texte – Erl.* München: Beck, 1982

Schwab, Moïse: *Vocabulaire de l'angélologie*, Archè, Milan, 1989

Sohravardî: *L'archange empourpré* (traduction de Henri Corbin), Fayard, 1976

Thomas von Aquin: *Summe der Theologie.* Stuttgart: Kröner, 1985

Voltaire: *Candidus – Zadig – Treuherz.* Aus d. Franz. von Albert Baur.
Zürich: Manesse, 1984

Von Geheimnissen und Wundern des Caesarius von Heisterbach. Bonn: Bouvier, 1991

Weber, Hans H.: *Studien zur deutschen Marienlegende des Mittelalters am Beispiel*
des Theophilus. Hamburg: 1966 (Diss.)

Zeena u-Reenah (Frauenbibel): Übersetzung und Auslegung des Pentateuch von
Jacob ben Isaac aus Janow. Hg. vom Jüdischen Frauenbund. Frankfurt am Main:
Kauffmann, 1930

Register
der Engel und
anderer Wesen

(Die Schreibweise biblischer Namen richtet sich nach der Einheitsübersetzung der Bibel.)

Jeanne de Domrémy 146

Jeremia 25

Jesaja 25, 83, 121, 123, 128

Jeschua 77

Jesu, siehe Jesus, 'Īsā 26, 28−31, 33−35, 49, 83−86, 89, 109

Jesus, siehe Jesu, 'Īsā 89, 117f., 126f., 135−137, 140

Jischmael, Rabbi 47

Joachim, siehe 'Imran 31

Jochanan 42

Jochannes XXIII. 102

Johanna von Orléans 46, 104, 116, 146f.

Johannes Chrysostomos 121

Johannes der Täufer 137

Johannes von Damaskus, hl. 40

Johannes, hl. 52, 82

Josef, siehe Yusuf 24, 26, 137

Josua, Rabbi 25, 121

Josua ben Levi 150

Judas 65

Julius Sextus Afrikanus 65

Justin, hl. 49, 65

Kain 24, 62, 69, 76

Kana 27, 47

Kaplan, Aryeh 125

Karl der Große 146

Karl VII. 104

Katharina, hl. 104

Kepler, Johannes 105

Khadidscha 32

Klemens von Alexandrien 65

Klemens X. 101

Kokhaviel (Engel) 96

Konstantin 59, 118

Kopernikus, Nikolaus 105

Kosmas von Syrien 42

Lazarus 135

Lea 111

Leibniz 152

Leo X. 101

Leon 108

Lilit, die Königin der Dämonen 78f.

Loiseau 127

Lorenzo 102

Lorenzo Bernini, Gian 121

Lot 51, 104

Ludwig XI. 147

Lukas, siehe Naqaj 26f., 30, 111, 127, 143

Luliani bar Tabri, Rabbi 42

Luther, Martin 86f.

Luzifer, siehe Satan, Satanael 43, 66, 70, 73−86, 88−90, 139

Mâle, Emile 76, 97, 126

Malraux, André 89f.

Manasse 24

Manoach 49, 111, 117

Margareta, hl. 104

Maria, siehe Maryam 17, 26−29, 31, 36, 87, 109, 117, 140, 143, 146

Markus 127

Martell, Karl 145

Martin, hl. 86

Marut (Engel) 66−69

Maryam, siehe Maria

Masikim (Dämon) 78

Matariel (Engel) 96

Mathaj, siehe Matthäus

Matthäus, siehe Mathaj 30, 107, 127

Matthieu 90

Merkur, siehe Hermes 118

Merlin 148

Meschach 107

Metatron (Engel) 63

Methusalem 61

Michael (Engel) 13, 46, 62, 79, 82, 90, 93, 95, 97, 103f., 116, 127, 129−131, 133, 136, 140−145, 147

Michelangelo 118

Millet, Jean-François 28

Mithra 144

Mohammed, siehe Muhammad 17, 31−34, 118f., 133, 136−139

Mohammed II, Sultan 59

Moise Schwab 96

Mose ben Nachman (Nachmanides) 30

Mose, siehe Musa 19, 25, 33f., 47, 50, 95, 112, 119, 138, 142−149

Mubashshar (Engel) 156

Muhammad, siehe Mohammed 35, 81, 99, 103f.

Mühlhausen, Jomtov Lipman, Rabbi 97

Munkar (Engel) 155f.

Murillo, Bartolomé Esteban 48

Musa, siehe Mose

Inhalt